»Zur Teatime vom Geist Großbritanniens beflügeln lassen.« FREUNDIN

Das beschauliche englische Landleben ist, wenn man Agatha Christie und P. D. James glauben darf, immer wieder in Gefahr. Doch zum Glück gibt es couragierte Damen wie Miss Marple oder souveräne Ermittler wie Inspector Barnaby, die zwischen Teestunde, Picknick und einer Runde Cricket, beim geübten Blick über die Rosenhecke oder beim Plausch mit dem Pfarrer den entscheidenden Indizien zur Lösung des Falles auf die Spur kommen. Luise Berg-Ehlers nimmt ihre Leser mit zu Schauplätzen voller krimineller Energie, auf eine Reise durch englische Dörfer, Universitätsstädte und zu herrschaftlichen Landsitzen, sie erzählt von den »Queens of Crime« und ihren unvergesslichen Heldinnen und Helden, von Land und Leuten und deren zuweilen skurrilen englischen Eigenheiten.

Luise Berg-Ehlers studierte Germanistik, Theologie, Theaterwissenschaft und Publizistik. Sie hat zahlreiche Bücher veröffentlicht und gilt als exzellente Kennerin der englischen Kultur und Kriminalliteratur und reist selbst leidenschaftlich gerne durch Großbritannien.

insel taschenbuch 4367
Luise Berg-Ehlers
Mit Miss Marple aufs Land

Der 2013 im Elisabeth Sandmann Verlag erschienene Originalband
wurde für die Taschenbuchausgabe leicht gekürzt.

Erste Auflage 2015
insel taschenbuch 4367
Insel Verlag Berlin 2015

Vertrieb durch den Suhrkamp Taschenbuch Verlag

Umschlag, Innenseiten und Satz:
Pauline Schimmelpenninck Büro für Gestaltung, Berlin
Druck: *CPI – Ebner & Spiegel, Ulm*
Printed in Germany ISBN 978-3-458-36067-4

LUISE BERG-EHLERS

MIT MISS MARPLE
aufs Land

*Englische Krimischriftstellerinnen
zwischen Tearoom und Tatort*

Mit Aquarellen von Eva-Maria Salm

Insel Verlag

INHALT

Agatha Christie · Patricia Wentworth · Caroline Graham
Jean G. Goodhind · Dorothy L. Sayers · P. D. James
Val McDermid · Ann Granger · Elizabeth George
Minette Walters · Ruth Rendell · Margery Allingham
Daphne du Maurier · Ngaio Marsh

Die Queens of Crime und das ländliche England

England ist London und Liverpool, Brighton und Bristol, Harrogate und Hastings, vor allem aber ist es — nicht nur in der Perspektive von Nostalgikern — das Land der idyllischen Dörfer mit Kirchen aus der Normannenzeit, mit reetgedeckten Cottages und mit farbenfrohen Staudengärten, deren Duft die sommerliche Luft erfüllt. Nach Feierabend ist das Pub die wichtigste Institution des Ortes — manchmal auch schon während des Tages —, und dort genießt man dörfliche Gemeinschaft und den neuesten Klatsch, was nicht selten dasselbe meint. In der Mitte des Ortes lädt ein *village green*, der Dorfanger, zu einem samstäglichen *cricket match* oder zu einer sonntäglichen *village fête*. Auch heute noch wird das ländliche England, aller Industrialisierung zum Trotz, als das wahre England gefeiert — und der Kontinentaleuropäer ist nur zu gern geneigt, diese Sicht auf die Insel zu teilen. Denn hier wird eine Idylle vorgestellt, wie man sie sich friedlicher, harmonischer und nostalgischer kaum denken kann.

Doch bei dieser Betrachtung wird ein Dorf außer Acht gelassen, das irgendwo im Süden Englands liegt, aber auf keiner Landkarte zu finden ist, und das die Kriminalstatistik der Insel auf das Unerfreulichste bereichert hat. Dieses (vermeintlich) unbekannte Dorf heißt St. Mary Mead, und jeder, der einmal einen Roman von Agatha Christie mit der Amateurdetektivin Miss Marple gelesen hat, war bereits dort. Auf den ersten Blick scheint dieser Ort ein Hort von Eintracht und guter Nachbarschaft zu sein, doch nicht selten wird der dörfliche Frieden gestört durch Zwietracht, Mord und andere Verbrechen, und es bedarf eines detektivischen Verstands, um das Chaos zu ordnen, den Verbrecher zu überführen und den Frieden wiederherzustellen. Der englische Lyriker Wystan Hugh Auden schreibt in seinem Essay »Das verbrecherische Pfarrhaus«, bei einem Detektivroman sei die Wahl des Schauplatzes besonders wichtig, denn zumindest er könne kaum einen solchen Roman lesen, wenn dieser nicht im ländlichen England spiele. Das Dorf nämlich repräsentiert die Geschlossenheit einer Gesellschaft, in der alle miteinander bekannt oder gar verwandt sind und die eigentlich im Zustand von Unschuld und Gnade lebt – ein Status, der durch ein Verbrechen aufs Schwerste beschädigt wird. Erst der Detektiv oder die Detektivin sorgen durch ihre Ermittlungen dafür, dass der Schuldige bestraft, die soziale Ordnung wiederhergestellt und der Mikrokosmos des Dorfes erneut zu einer heilen Welt wird. Nicht zuletzt darin liegt die Ursache für die »Ansiedlung« so vieler Detektivromane im ländlichen England.

Sehr deutlich sind hier Anklänge an das ideale Goldene Zeitalter, an den mythischen friedlichen Urzustand der Menschheit, den es zwar nie gegeben hat, der aber immer ersehnt wurde. Und so mag es wohl kein Zufall sein, dass die Zeit zwischen den Weltkriegen, die den Hintergrund bildete für jene in ländlicher Idylle spielenden Detektivromane, als das *golden age* bezeichnet wird. In dieser Blütezeit des englischen »Krimis« »regierten« vor allem Autorinnen, die *Queens of Crime – Kings of Crime* werden offiziell nicht in der Statistik geführt. Diese »Königinnen« sind Agatha Christie, Dorothy L. Sayers und Margery Allingham, die alle enge Beziehungen zum ländlichen England hatten – sei es, dass sie als Pfarrerstochter wie Sayers in einem Dorfe aufwuchsen, sei es, dass sie sich wie Christie und Allingham ein Refugium auf dem Land schufen.

Auch heute ist das englische Dorf mit all seinen Eigenheiten immer noch die Kulisse, die etliche Autorinnen für ihre literarischen Verbrechen nutzen, denn es sind vornehmlich Frauen, die seit vielen Jahren den englischen Detektivroman dominieren. Dazu gehören Caroline Graham und Ann Granger, deren Romane die scheinbar so idyllischen Dörfer in Buckinghamshire oder den Cotswolds zum Schauplatz finsterster Machenschaften werden lassen. In all diesen Büchern macht immer noch die Welt des englischen *country life* in einem nicht geringen Maße die Attraktivität der spannenden Lektüre aus. Denn je stärker die Städte sich ausdehnten und je mehr Einwohner der scheinbaren Friedlichkeit des Landlebens entsagen mussten, desto größer wurde die Sehnsucht der Menschen nach einem Haus auf dem Lande. Hier wollte man der Hektik des städtischen Alltags entfliehen, hier wollte man in dörflicher Gemeinschaft als guter, hilfsbereiter Nachbar leben, der einem Schwätzchen über den Gartenzaun nicht abgeneigt war. Vor allem aber hofften die meisten der Stadtflüchtlinge, zu den Wurzeln englischen Lebens zurückzukehren und ein insulares Arkadien wiederzufinden mit den schönen Landschaften einer vergangenen Zeit.

Deshalb verwundert es nicht, dass viele seit dem ersten Drittel des letzten Jahrhunderts erschienene Bücher Titel wie »*In Search of England*« oder »*The Charm of the English Village*« oder »*The Beauty of England*« tragen. Aber in der letzten Zeit werden auch Bände veröffentlicht, die die Sorge um den Wandel der englischen Landschaft und des Dorflebens beschreiben, wie beispielsweise »*The Lost Village. In Search of a Forgotten Rural England*« oder »*The Decline of an English Village*«. Auch in England wächst die Befürchtung, vieles an ländlicher Schönheit überdauere zwar Generationen, stehe nun aber in der Gefahr, von der Moderne vernichtet zu werden. Inzwischen gibt es zahlreiche Institutionen, die sich für die Erhaltung des alten Englands im modernen Britannien einsetzen – seien es *English Heritage* und *National Trust* oder die *Campaign to Protect Rural England*. Seit mehr als hundert Jahren bemüht sich auch die Zeitschrift *Country Life* – allen gegenläufigen Entwicklungen trotzend – für jene, die das Land lieben, die dort leben oder die zumindest dort leben möchten, eine Art Vision englischen Arkadiens zu bewahren.

Jene Schriftstellerinnen, die in ländlicher Idylle die passende Kulisse für ihre fiktiven Brutalitäten gefunden haben, können auf dieses Arkadien ebenfalls nicht verzichten. Die Verbrechen werden in den meisten Romanen nicht allzu grauenvoll dargestellt, und das ist auch der Grund, weshalb man viele der einschlägigen Romane als *cosy*, gemütlich, bezeichnet. Im Mittelpunkt dieser Bücher steht eine Detektivin oder ein Detektiv, die nicht selten als Amateure agieren und häufig dem Profipolizisten mindestens eine Nasenlänge voraus sind. Diese *armchair detectives*, wie sie gerne genannt werden, da sie ihre Ermittlungen vor allem unter Einsatz ihrer Kombinationsgabe daheim im Sessel sitzend durchführen, lassen selbst die krudeste Kriminalität noch als gar nicht so schlimm erscheinen. Erst in Büchern von P. D. James oder Elizabeth George, in denen amtliche Ermittler wie Inspector Dalgliesh oder Inspector Lynley als Hauptpersonen agieren, fließt das Blut erkennbar intensiver.

Im Folgenden besuchen wir also vor allem das ländliche England der Detektivromane und begegnen nicht nur Miss Marple, sondern neben vielen anderen Vertretern der Gerechtigkeit auch Miss Silver von Patricia Wentworth, Lord Peter Wimsey von Dorothy L. Sayers, Albert Campion von Margery Allingham, Inspector Barnaby von Caroline Graham sowie verschiedenen Ermittlern von Ann Granger. Während in Kriminalromanen das Verbrechen im Mittelpunkt des Interesses steht, geht es im Detektivroman vor allem um dessen Aufklärung und dadurch gewissermaßen um ein Happy End, das in ländlicher Umgebung insofern besonders versöhnlich wirkt, als es den gestörten dörflichen Frieden wiederherstellt. Der englische Kriminalroman wird nicht unwesentlich von sehr vielen *crime-ladies* geschaffen, die ihre Detektive zum einen aufs Land schicken, zum anderen aber auch in jenen Städten ermitteln lassen, die gewissermaßen zur ländlichen Umgebung gehören wie Oxford zu den Cotswolds oder Cambridge zu den Fens, und so werden auch dahin kurze Abstecher unternommen. Was ist nun das Typische eines englischen Dorfes, eines *village*, das jeder Reisende, jeder Wochenendurlauber, jeder Ferienhauskäufer und natürlich auch das Publikum von Detektivromanen erwartet? In den Medien, seien es Bücher, Zeitungen oder Zeitschriften, werden immer dieselben Dinge genannt, wenn auch teilweise in unterschiedlicher Gewichtung. Ganz oben stehen die Kirche und das Pub, wobei die Kirche (ohne die im Übrigen – juristisch gesehen – ein Dorf kein richtiges Dorf ist) möglichst einen Vikar haben müsse, der seine Schäflein mit Namen kennt, und das Pub solle nicht zu einer Brauerei gehören, sondern ein *free house* sein. Für Dorfbewohner, die während des Tages Appetit auf alkoholfreie Genüsse haben, sollte es einen gemütlichen *tea room* mit delikatem Gebäck und frisch aufgegossenem Tee geben – sofern die Damen des Dorfes einander nicht gleich zu sich nach Hause einladen.

All diese Institutionen sind gewissermaßen die sozialen Zentren, an denen sich die Dorfbewohner zu gemeinsamen Aktivitäten treffen; als geografisches Zentrum gilt vielen der *green*, vielleicht sogar mit einem Ententeich, wo man sich bei Sonnenschein begegnet. Dann sollte es auf der High Street noch einen Laden und ein Postamt geben, die aber häufig – wenn sie überhaupt noch zu finden sind – zusammengelegt wurden. Dabei sind gerade diese Geschäfte wichtig für die Kommunikation der Bewohner; wo sonst könnte man so zufällig und dennoch intensiv Klatsch und Gerüchte austauschen. Für Miss Marple beispielsweise liegt hier eine ihrer wesentlichen Informationsquellen. Am Rande des Ortes steht dann nicht selten ein Herrenhaus, in dem früher der Großgrundbesitzer lebte, dessen Ländereien viele Bauern gepachtet hatten. Oder es war sogar ein Schloss, ein *great house*, dessen adlige Bewohner seit Jahrhunderten die Gegend beherrschten.

Der englische Gartenexperte Alan Titchmarsh zählt in seinem Buch »*England, our England*« anschaulich die Spezifika auf, ohne die das ländliche England nicht zu denken ist: *bell ringers, cucumber sandwiches (no crusts), Miss Marple, Morris dancers, roast beef and yorkshire pudding, village greens, the Cotswolds, Agatha Christie, cricket matches, red pillar boxes, cottages, churchyards, pubs, ploughman's lunches, village fêtes* und – *the weather!* All diesen Dingen werden wir in den folgenden Kapiteln begegnen.

ALLTÄGLICHES

Zwischen Tearoom und Pub

Es gibt nur ein kriminalistisches Genie, das einen ähnlichen Bekanntheitsgrad hat wie Sherlock Holmes aus London, und das ist Jane Marple aus St. Mary Mead. Während die Adresse von Holmes in der Baker Street 221b von jedem Besucher leicht gefunden werden kann, ist es sehr viel schwerer, zu Miss Marple zu gelangen. Zwar ist im ersten Roman, in dem sie die Hauptrolle spielt – »Mord im Pfarrhaus« – ein Plan des Dorfes abgedruckt, aber wo es liegt und wie dorthin zu gelangen ist, erfährt man nicht. Die Skizze macht allerdings deutlich, dass man sich kaum ein klassischeres Dorf denken könnte, denn diesseits und jenseits der High Street – eigentlich ein Euphemismus für eine Dorfstraße – gruppieren sich die wichtigsten Gebäude: Kirche, Pfarrhaus, Pub, kleine Geschäfte, das Postamt und verschiedene Cottages, von denen eines, direkt neben der Arztpraxis und dem Pastorat, Miss Marple als Wohnhaus und Observierungsposten dient. Oder wie der Pfarrer sagt: »Miss Marple sieht immer alles. Gartenarbeit ist eine gute Tarnung, und die Gewohnheit, Vögel durch starke Ferngläser zu beobachten, kann stets als Erklärung dienen.« Immerhin sorgt diese Gewohnheit für Sicherheit im Dorf! Allerdings fehlt eine Schule auf dem

Das Dorf Widecombe-in-the-Moor liegt im Herzen des Dartmoor National Parks (Devon).

Plan, was vielleicht daran liegt, dass bei Agatha Christie selten von pädagogischer Kriminalität berichtet wird, obwohl vermutlich schon in manchen Klassenzimmern gequälte Schülerseelen die finstersten Pläne geschmiedet haben dürften.

Auch Patricia Wentworth (eigentlich Dora Amy Elles, 1878–1961), deren Detektivin Miss Silver – eine unverheiratete ehemalige Gouvernante – als Vorgängerin von Miss Marple Eingang in die Literatur fand, lässt ihre Heldin bevorzugt auf dem Lande ermitteln. Sie weiß ebenfalls genau um die Differenz von ländlich-idyllischem Schein und dörflicher Realität, und so kann sie in »Die Hand aus dem Wasser« einen Maler sehr deutlich zurechtweisen, der ein Dorf, in dem mehrere Morde geschehen, eine »Zuflucht des alten Friedens« nannte: »An den Mythos ländlicher Unschuld glaubt seit Sherlock Holmes niemand mehr.« Patricia Wentworth beschreibt dieses Ambiente in »Miss Silver bleibt länger« anschaulich: angefangen mit dem Dorfanger samt Teich und Enten (eine bevorzugte Zusammenstellung in den meisten Romanen), die Kirche mit dem alten Friedhof, daneben das Pfarrhaus und gegenüber das Dorfgasthaus mit dem an Ketten schwingenden Wirtshausschild. Der Anger – mal mit, mal ohne Tümpel – ist sicher unter geografischen Aspekten der Mittelpunkt eines Dorfes, und das kann bei polizeilichen Ermittlungen zu einer skurrilen Situation führen. Das meint auch Caroline Graham, die Erfinderin von Midsomer, der gefährlichsten Grafschaft in England und deren erfolgreicher Polizei mit dem durch die Fernsehserie bekannt gewordenen Inspector Tom Barnaby. In »Nur wer die Wahrheit kennt« schildert sie die scheinbar zufällige Versammlung schaulustiger Dorfbewohner am Teich. Alle wollen mitbekommen, was die Spurensicherung entdeckt, ohne die eigene Neugier zu offensichtlich werden zu lassen: »Die Enten hatten so etwas noch nie erlebt. Normalerweise kam vielleicht einmal am Tag jemand mit einer Handvoll Brot oder einem Keks vorbei. Heute waren es Horden von Entenfütterern. [...] Die Unerfahrenen hatten nicht nur Brot gekauft, sondern Kuchen und Torten und so etwas. Eine Frau ließ einen ganzen Käsekuchen zu Wasser und schob ihn mit einem langen Stock an, als sei

er ein Boot.« Die enge Nachbarschaft in einem Dorfe produziert
also nicht nur karitative Anteilnahme, sondern auch und vor allem
heftigste Neugier, die nicht immer so dezent ausgelebt wird, wie es
Miss Marple tut.

Von all ihren Geschöpfen liebte Agatha Christie Miss Marple
ganz besonders, und deshalb war sie von der Verfilmung einiger
ihrer Romane mit Margaret Rutherford nicht sonderlich angetan.
Denn anders als die von ihr eher zart, zurückhaltend und ladylike
konzipierte Jane Marple, verkörperte Rutherford als Komödiantin
par excellence eher ein detektivisches Schlachtross, das in die wil-
desten kämpferischen Aktionen verwickelt war. Die spätere Hauptdarstellerin Joan Hickson entsprach sehr viel mehr der Vorstellung,
die Agatha Christie von ihrer fiktiven Heldin hatte. Dennoch ist
es Margaret Rutherford, die – vor allem in Deutschland – mit der
Detektivin identifiziert wird. Viele begeisterte Marple-Fans brau-
chen nur die Eingangsmusik zu einem der Rutherford-Filme zu

Ländliche Landschaft im Hochsommer
am Fluss Windrush (Oxfordshire)

hören, und schon sehen sie die Detektivin energisch über die Dorfstraße stapfen, einer neuen Aufgabe entgegen. Bei dieser wird sie immer von ihrem Partner Mr Stringer begleitet, der zwar in keinem der Romane vorkommt, dessen Rolle aber von Margaret Rutherford eingefordert wurde. Im wirklichen Leben nämlich war Stringer Davis ihr Ehemann, dessen ständige Fürsorge die häufig depressive Schauspielerin brauchte.

Ihre Zuneigung zu Miss Marple war es auch, die Agatha Christie ein Aufeinandertreffen von Hercule Poirot und Jane Marple immer ablehnen ließ. Denn einerseits trat der eitle Poirot zu selbstgefällig auf – was die bescheidene Marple nicht geschätzt hätte –, und andererseits war der in London residierende Herr der kleinen grauen Zellen ein Großstadtdetektiv, der sich im Ländlichen nicht sonderlich wohlfühlte, während Miss Marple die Grundlagen ihrer Kombinationsfähigkeit aus ihren Erfahrungen mit dem dörflichen Leben bezog. Ein pensionierter hoher Beamter von Scotland Yard bringt es auf den Punkt, wenn er zu einem jungen Polizisten sagt: »Unterschätzen Sie die alten Jungfern in Ihrem Dorf nicht, […] denken Sie daran, dass eine alte Jungfer, die strickt und ihren Garten betreut, jedem Sergeant weit überlegen ist.« Er vergaß nur zu sagen, dass Miss Marple eine gute Tasse Tee, vielleicht auch einen Kaffee oder ein Glas ihres selbst gemachten Pflaumenweins benötigt, um zu wichtigen Ergebnissen zu kommen. Vor allem aber braucht sie ihre Kenntnisse des dörflichen Lebens, die sie sofort mögliche Parallelen erkennen lassen, wenn ein Verbrechen geschehen ist und aufgeklärt werden muss. Zwar amüsiert sich ihr Neffe über St. Mary Mead, das so langweilig sei wie ein stiller Teich, doch

---

Margaret Rutherford als furchtlose und resolute Miss Marple
(in »Mörder Ahoi«, GB 1964), ganz anders als die von Agatha Christie als eher
zart, zurückhaltend und ladylike konzipierte Figur.

er wird sofort von seiner lebens- und dorferfahrenen Tante korrigiert, die den Vergleich als unangemessen rügt: Durch ein Mikroskop betrachtet, sei nichts so voller Leben wie ein Tropfen Wasser aus einem stillen Teich. Und damit hat sie sehr recht, denn immerhin wird St. Mary Mead von zahlreichen Verbrechern und Verbrechen heimgesucht, darunter allein sechzehn Morde, von Mordversuchen und anderen Untaten wie Raub und Erpressung ganz zu schweigen; diese geradezu großstädtisch anmutende Kriminalität kann offensichtlich nur von Miss Marple bekämpft werden. Allerdings darf man nicht übersehen, dass der Ort immerhin einen Bahnhof hat, vermutlich mit zwei schmalen Bahnsteigen, von denen einer mit einer zierlichen Holz- und Metallkonstruktion überdacht ist und in dieser viktorianischen Anmutung ein Jahrhundert und et-

So heiter und aufgeschlossen sie auch war, erwartete sie doch von ihren Mitmenschen immer nur das Schlechteste — und behielt gewöhnlich [...] recht.

Die spätere Hauptdarstellerin der BBC-Fernsehserie
»Miss Marple«, Joan Hickson, entsprach sehr viel mehr der Vorstellung,
die Agatha Christie von ihrer Heldin hatte.

liche Stilllegungen anderer Strecken überdauerte. London näm-
lich muss gut erreichbar sein für Miss Marple, sei es, dass sie von
Scotland Yard um Rat gefragt wird, sei es, dass sie den Mord im Zug
(»16.50 ab Paddington«) aufklären will, oder sei es, dass sie im *Army &
Navy Store* Handtücher und Tischdecken einkaufen möchte, die der
Laden in St. Mary Mead nicht führt.

Auch die Küste mit ihren lebhaften Seebädern ist nicht allzu fern, denn ein Aufenthalt am Meer wird von Miss Marple
durchaus geschätzt, vor allem wenn sie von einer Freundin in ein
schönes Hotel eingeladen wird. Auch da mag Agatha Christies
Erinnerung an ihre Kindheit an der englischen Riviera und
an Reisen mit ihrem ersten Mann wach werden, auf denen sie
sich außerordentlich sportlich beim Surfen vergnügte. Und an

Tearoom in Devon

Ferienaufenthalte an der Küste Devons, zum Beispiel in dem Art-déco-Hotel auf Burgh Island, in dem sie einige fiktive Verbrechen geschehen ließ.

Anders als Poirot, der sich immer um geschniegelte Eleganz bemühte, schätzte Miss Marple das gepflegt Einfache einer alleinstehenden, in bescheidenen Verhältnissen lebenden Dame oder, um die Quintessenz mancher Beschreibungen zusammenzufassen, das Altmodische des Altjüngferlichen. Aber man sollte ihre Erscheinung vielleicht besser zeitlos nennen, denn in den mehr als vierzig Jahren, die ihre kriminalistische Tätigkeit dauerte, alterte sie kaum. Sie brauchte auch keinen Adlatus, der ihr bei Ermittlungen half, es sei denn, man wollte den jeweiligen Kriminalinspektor, dem sie – scheinbar – assistierte, in Umkehrung bekannter Gewohnheiten als einen »Watson« bezeichnen, als einen *sidekick*, wie eine solche Person in Detektivkreisen auch genannt wird. Ein Inspektor stellt einmal in »*Ruhe unsanft*« sachlich-resignativ fest: »Sie hat die Polizeichefs von mindestens drei Grafschaften mühelos in die Tasche gesteckt. Noch ist sie nicht mein Boss, aber ich sehe den Tag noch kommen.« Jane Marple war skeptisch, aufmerksam und durch nichts zu beeindrucken, und ihre Weltsicht entsprach der von Agatha Christies Großmutter, wie sie in ihrer Autobiografie schreibt. »Nicht, dass Miss Marple ein Abbild meiner Großmutter gewesen wäre – sie war viel umständlicher und altjüngferlicher als meine Großmutter. Nur eines hatte sie mit ihr gemeinsam: So heiter und aufgeschlossen sie auch war, erwartete sie doch von ihren Mitmenschen immer nur das Schlechteste – und behielt gewöhnlich mit ihren düsteren Voraussagen recht.«

Die Erinnerungen an ihre Kindheit sind es auch, die Eingang fanden in die Romane um Miss Marple. Agatha Mary Clarissa Miller wurde 1890 im südenglischen Torquay geboren und wuchs in einem wohlhabenden Elternhaus behütet auf. Wer auf ihren Spuren wandeln möchte – obwohl diese im Wesentlichen nur noch in touristischer Fantasie existieren –, sollte in dem Seebad die *Agatha-Christie-Mile* ablaufen, die ihn an jenen Orten vorbeiführt, die der jungen Agatha wichtig waren. Das ist beispielsweise das

Imperial Hotel, hoch über dem Meer gelegen, mit wunderbarem Blick über die Bucht, in dem man sich zu Gesellschaften traf und dabei auch auf den Prince of Wales stoßen konnte, oder das *Grand Hotel*, in dem sie die Hochzeitsnacht verbrachte. Sie lernte das Landleben zuerst in Devon kennen, in kleinen Dörfern wie Cockington oder Haytor im Dartmoor, wohin sie sich zum Schreiben zurückzog, oder bei Einladungen in die Herrenhäuser reicher Freunde der Eltern. Zu Beginn des Ersten Weltkriegs heiratete sie den Offizier Archibald Christie, doch die Ehe scheiterte, und sie war nun aus ökonomischen Gründen gezwungen, ständig zu schreiben.

Auf einer Reise in den Orient lernte sie den sehr viel jüngeren Archäologen Max Mallowan kennen und lieben und heiratete ihn 1930. Einem ihrer Bonmots zufolge soll die Ehe glücklich gewesen sein, denn es sei gut, einen Archäologen zu heiraten, weil dieser das sehr Alte schätzen würde. Inzwischen war Agatha zu einer Bestsellerautorin (»*A Christie for Christmas*«) geworden – in England wie im Ausland. Sie verfügte über ein nicht unbeträchtliches Vermögen und konnte sich mehrere Wohnungen in London und auf dem Lande leisten und auch die archäologischen Unternehmungen ihres Mannes finanzieren. Am liebsten lebte sie in dem großen Anwesen Greenway am Ufer des Dart nahe Torquay, das inzwischen der Öffentlichkeit zugänglich ist. Eng dem christlichen Glauben und der Kirche verbunden, half sie häufig und im Verborgenen Menschen, die in Not waren; der Kirche in Galmpton, dem Nachbarort von Greenway, stiftete sie ein großes buntes Fenster, und im Verwaltungsrat der Grundschule war sie ein sehr aktives Mitglied, das sich um die Schülerinnen und Schüler kümmerte. Ihrem Mann zuliebe kaufte sie ein Landhaus nahe Oxford, in Winterbrook bei Wallingford, wo sie 1976 auch starb. Der kleine Friedhof an der Kirche des benachbarten Dorfes Cholsey, auf dem Agatha Christie begraben liegt, könnte in seiner einsamen friedlichen Ländlichkeit auch letzte Ruhestätte der – allerdings unsterblichen – Jane Marple sein.

Fotografisches Porträt der jungen Agatha Christie

In der Tat ist Miss Marple als der Inbegriff weiblichen Scharfsinns bei der Aufklärung von Verbrechen unvergänglich, und ebenso von Dauer sind – trotz allen Wandels – jene Annehmlichkeiten, die ein englisches Dorf so attraktiv machen. Unter den Einrichtungen, die für das notwendige Wohlbehagen der Dorfbewohner und ihrer Besucher sorgen, ist der *tea room* mit seinem möglichst großen und originellen Angebot besonders wichtig, wird er doch aus unterschiedlichen Gründen und zu unterschiedlichen Zeiten erwartungsvoll aufgesucht. Denn auch für den Teegenuss gelten mehrere »Mahl-Zeiten«, bei denen Verschiedenartiges gereicht wird: am Morgen eine kräftige Tasse English Breakfast, eine Mischung vor allem von Teesorten aus Indien, Ceylon und Kenia, um nach dem Frühstück noch wacher zu werden, und am Mittag ein leichter Lunch, meistens nur ein Sandwich oder eine *jacket potatoe* und dazu eine starke Tasse Assam, um aufkommende Schläfrigkeit

---

Die Insel Burgh Island vor der Südküste Devons
und das Hotel dienten Agatha Christie als Inspiration
für so manche ihrer Geschichten.

zu überwinden oder – wie es eine Teewerbung sagt – um »die mentalen Spinnweben wegzufegen«. Dann aber freut man sich schon auf den *afternoon tea*, und der will nun nach allen Regeln der Kunst zelebriert sein. Danach gibt es in manchen Häusern noch den sogenannten *high tea*, sehr viel handfester als der nachmittägliche Tee, da häufig Gerichte wie Pasteten oder Salate serviert werden (deshalb wird er manchmal auch *meat tea* genannt). Er ersetzt im Prinzip ein umfangreiches Dinner – und tat dies früher in Arbeiterfamilien, vor allem im Norden, nicht selten aus Kostengründen.

Natürlich ist auch Miss Marple eine Genießerin des goldbraunen aromatischen Getränks, wobei für sie der Tag kaum ohne eine gute Tasse Tee beginnen kann.

Die spezielle Unterbrechung des Tages am Nachmittag nun hat eine Tradition, die weit ins 19. Jahrhundert reicht, als die Herzogin von Bedford die Zeit zwischen Frühstück und Dinner nicht ungestärkt zu überstehen glaubte und sich Tee und einen kleinen Imbiss am Nachmittag servieren ließ. Daraus entwickelte sich ein gesellschaftliches Ereignis, das sogar eine Art »Approbation« durch Königin Victoria erhielt, da diese den *afternoon tea* ebenfalls schätzen lernte. Zweifellos kann man dieses Nachmittagsvergnügen inzwischen nicht nur bei Hofe oder in Adelspalästen, sondern auch in (fast) jedem kleineren oder größeren Hotel genießen, aber ein dörflicher *tea room* hat eine ganz besondere Atmosphäre. Der Gastraum ist nicht sonderlich groß, erweitert sich aber im Sommer häufig in einen Garten, die kleinen Tische stehen ziemlich eng beieinander und sind mit Tischdecken belegt, die eine Spitzenverzierung aufweisen oder ein Blumenmuster, das sich in den Gardinen wiederfindet. Das Steingutgeschirr – edles Porzellan und Kannen aus Silber findet man eher in *Bertram's Hotel* – ist bunt bemalt und nicht immer aus einem Service stammend. Das Entscheidende steht in der Mitte des Tisches – die Etagere, auf deren drei übereinander angebrachten Tellern die Köstlichkeiten präsentiert werden.

Und hier gibt es fast immer drei Sorten an Leckereien: Sandwiches, *scones* und *cake*. Die Sandwiches, dünn und dreieckig geschnittenes weißes oder hellbraunes Brot, werden mit Lachs und Frischkäse, Eiern und Kresse oder dem Käse der Gegend gefüllt; falls der *tea room* etwas feiner ist, gibt es *fingers*, sehr schmal geschnittenes Weißbrot ohne Kruste, das zum Beispiel mit Gurkenscheibchen belegt wurde. Am sättigendsten sind die *scones*, ein häufig warm serviertes Weizengebäck, das zusammen mit Erdbeermarmelade und *clotted cream*, einer dicken Sahnespezialität aus dem Südwesten Englands, auf den Tisch kommt. Ähnlich wie bei dem intensiv diskutierten schwerwiegenden Problem, ob man erst die Milch oder erst den Tee in die Tasse füllen solle, wird bei *scones* die Frage aufgeworfen, ob zuerst die *cream* oder erst die Marmelade auf das Gebäck zu streichen ist. Am deutlichsten zeigt sich der ländliche Charakter eines *tea room's* beim möglichst reichhaltigen Angebot der verschiedenen Sorten an *cake*, denn hier, so wird versprochen, ist alles *home made* und sehr individuell angerichtet. Da gibt es *carrot cake* mit Zuckerglasur, *chocolate fudge* mit Walnüssen, speziellen *fruit cake* mit einer reichlichen Portion Rosinen und vieles andere, was ländlicher Tradition entstammt. Als Tee wird meistens der kräftige Assam oder der aromatisierte Earl Grey gereicht, seltener der zarte, feine und teurere Darjeeling.

Natürlich ist auch Miss Marple eine Genießerin des goldbraunen aromatischen Getränks, wobei für sie der Tag ohne eine gute Tasse Tee, den *early morning tea*, der noch am Bett gereicht wird, kaum beginnen kann. Auch zum Frühstück gibt es selbstverständlich Tee, und bestimmte Rituale müssen eingehalten werden, weshalb ihr auch die morgendliche Mahlzeit im *Hotel Bertram* so sehr gefällt, denn sie selbst hätte alles nicht besser anrichten können: Auf dem Tablett stehen eine bauchige Teekanne, sahnig wirkende Milch und ein silberner Krug mit heißem Wasser, da die Teeblätter – nach englischer Gewohnheit – in der Kanne bleiben und deshalb das Getränk zunehmend verdünnt werden muss. Dazu gibt es zwei weiche, pochierte Eier, ein rundes Stück Butter von guter Größe, Honig sowie Orangen- und Erdbeermarmelade und

oben: Dorf in den Cotswolds, die sich von Südwesten nach
Nordosten durch sechs Grafschaften erstrecken
unten: Grab von Agatha Christie
in Cholsey nahe Wallingford (Oxfordshire)

erstaunlicherweise *rolls*, also Brötchen, und nicht etwa Toast. Und auch Obst ist nicht vergessen worden. Da kann Miss Marple dann im Genuss eines wahrhaft exzellenten Frühstücks schwelgen. In der deutschen Übersetzung ihrer Erlebnisse könnte sie es nicht – da ist das Frühstück erheblich frugaler, also kontinentaler!

In St. Mary Mead lädt sie ihre Nachbarinnen zuweilen zum *afternoon tea* ein, dem Mittelpunkt des sozialen Lebens im Dorf, bei dem allerdings der Austausch der neuesten Gerüchte nicht selten wichtiger ist als der Genuss der servierten Köstlichkeiten. Wie diese beschaffen sein können, beschreibt Caroline Graham in »*Die Rätsel von Badgers's Drift*«, wenn sie eine ältere Dame eine solche Einladung zum Tee für ihre Freundin planen lässt, bei der reich aufgetischt werden soll: Bananenbrot mit Datteln, Teekuchen mit vielen Früchten, Mandeltörtchen, Pfefferkuchen und Nussplätzchen, Ingwer- und Orangenkringel, Toastschnitten mit Anchovis und Leicesterkäse und zum Abschluss Pflaumen-Schlehen-Eis, all das angerichtet auf einem Queen-Anne-Tisch mit einer hübsch bestickten Spitzendecke. Doch die Lady kann diese wunderbaren Dinge nicht mehr genießen – wenig später nämlich muss Inspector Barnaby ihren Mörder jagen.

Das Dorf von Miss Marple ist zwar ein klassisches Dorf mit Pfarrer, Arzt, Kaufleuten und Pensionären, doch eine wichtige Personengruppe tritt kaum in Erscheinung: die Farmer. Dabei sind es sie und ihre Arbeit, die der *country side* – im wahrsten Sinne des Wortes – die typische Atmosphäre, den unverwechselbaren Geruch verleihen. Der sommerliche Duft von frisch gemähten Wiesen und später von Heu, das auf hohen Wagen in die Scheunen gefahren wird, aber auch der Gestank von Misthaufen und Jauche geraten Miss Marple – so scheint es wenigstens – nicht in die Nase. Allein der Herr von Gossington Hall, dem man eine Leiche in der Bibliothek platzierte, sucht zuweilen Trost und Entspannung bei den freundlich quiekenden Schweinen.

Bauern finden sich eher bei Caroline Graham, deren Inspector Barnaby sich mit häufig unkooperativen Landwirten und Gutsbesitzern herumschlagen muss, oder bei Ann Granger, deren

Ermittler Verbrechen in den Cotswolds aufklären müssen. Bei ihr gibt es auch Menschen, die mit den Gegebenheiten auf dem Lande kaum etwas anfangen können. Ein Londoner kann nur stöhnen, als er sich, einer Verabredung folgend, in einem ziemlich dreckigen Stall wiederfindet: »Dreck, Mist und tote Dinge. Ich hasse das Land.« Er wird später umgebracht, aber wohl kaum wegen seiner Abneigung gegen Ackerbau und Viehzucht. Bauern also trifft Miss Marple nicht auf dem Feld, sondern sie würde ihnen nur begegnen, wenn sie einmal das Pub des Dorfes besuchte. Doch das ist für eine Dame ihrer Generation unschicklich, sofern das Lokal nicht – nach viktorianischer Tradition – eine spezielle *ladies' bar* aufzuweisen hat.

Und dabei ist der *Blue Boar*, der Blaue Eber, eigentlich ein traditionsreiches Gasthaus, in dem auch die in St. Mary Mead ermittelnden Kriminalbeamten gerne absteigen, denn das Bier ist dort gut, das Essen schmackhaft und die Zimmer gemütlich. So gründlich aber die Polizisten bei ihren Ermittlungen sind, so wenig dürften sie sich für Namen und Historie ihrer Unterkunft interessiert haben. Doch eine solche Recherche könnte durchaus Signifikantes über das Dorf und seine Bewohner aussagen – zumindest über deren Vergangenheit. So geht der Name *Blue Boar* immerhin auf die Zeit von Richard III. und seiner Tudor-Gegner zurück. In der Schlacht von Bosworth (1485) kämpften Richard III. und die Seinen unter dem Zeichen des *White Boar*, einer seiner Gegner, John de Vere, 13. Earl of Oxford, führte den *Blue Boar* als Zeichen – wahrscheinlich gibt es deshalb auch in Longworth westlich von Oxford ein Pub dieses Namens. Nach der Schlacht, in der Richard getötet wurde, fiel er nicht nur der Schändung anheim, sondern auch der verleumderischen Propaganda der Tudors, besonders von deren Gefolgsmann Shakespeare. Und um sein Erkennungszeichen war es auch geschehen – eilends übermalte man den weißen Eber mit blauer Farbe!

Der *Blue Boar* ist ein Beispiel dafür, dass eine Fahrt durch das ländliche England zugleich als eine Reise durch die englische Geschichte dienen kann. Unzählig sind die Pubs mit Namen wie

King's Arms, Queen's bzw. *King's Head*, auf deren Schildern die Abbildungen fast aller Monarchen bzw. Monarchinnen zu finden sind. Dann gibt es Erinnerungen an große Feldherren (*Marlborough, Lord Nelson*) oder bedeutende Schlachten (*Blenheim, Trafalgar*). Am häufigsten sind *pub signs*, die heraldischen Charakter haben und damit auf die Wappen historischer Persönlichkeiten verweisen, wie *White Hart* (Richard II.), oder die verschiedenfarbigen Löwen, wie *Red* oder *White Lion*. Auf dem Lande sind die Pubs nicht selten dörflichem Leben verpflichtet, wie zum Beispiel der Jagd (*Fox & Hounds*), der Landwirtschaft (*Hen and Chickens*) oder der Frömmigkeit (*Lamb and Flag*). Genau genommen lässt sich in den Namen der Pubs erkennen, was dem Dorf, der Gegend – oder dem Herzen des Landlords wichtig war.

Ähnlich wie der *tea room* hat auch das dörfliche Pub, das *public house*, eine ganz besondere Atmosphäre, die Menschen jeglicher Herkunft gerne dort eintreten lässt – genau genommen ist bereits

Das Dorf Ewelme in Oxfordshire

der Name Programm: Das Haus ist öffentlich und für jedermann, unabhängig von Rang und Stand, zugänglich. Viele dieser Häuser sind sehr alt, und das Schöne ist, dass man ihnen das Alter ansieht. Das trägt nicht unwesentlich zum Wohlgefühl der Gäste bei, denn Historie und Patina können durchaus Geborgenheit vermitteln. Die Gaststube ist meist nicht sehr gut beleuchtet, dunkle Balken tragen die recht niedrige Decke, die Theke ist vom vielen Scheuern hell geworden, Tische und Stühle sind aus kräftigem Holz, damit sie im Notfall auch abendliche Auseinandersetzungen überstehen, und zur Unterhaltung hängt vielleicht noch eine Dartscheibe in der Ecke.

Für die Menschen im Dorf ist die Kirche die spirituelle, das Pub die säkulare Seele, und beide sind für die Gemeinschaft wichtig. Diese Gemeinschaft konstituiert sich an beiden Orten auch und gerade für Ortsfremde, wobei es vielleicht im Pub zuweilen leichter fällt. Der vergnüglichste und einfachste Weg, Leute kennenzulernen, ist ein Besuch im Dorfpub, und Caroline Graham erklärt in »*Treu bis in den Tod*«, warum dies so ist. »Die meisten Neuankömmlinge waren im Handumdrehen dort. Sie bestellten ein Pint vom besten Bier, das der Wirt im Ausschank hatte, und beteiligten sich dann zögernd, einen Fuß auf die Stange an der Bar gestützt, an einem Gespräch in der Hoffnung, Freunde zu finden.« Allerdings werden nicht alle gleich wissen, welches das beste Bier ist, denn am Preis lässt sich die Qualität nicht unbedingt erkennen – dazu ist auf der Insel das Verständnis vom besten Bier sehr unterschiedlich. Mag der eine auf die großen Brauereien schwören, deren Erzeugnisse überall auf der Insel gleich schmecken, so ist der andere mehr fürs Internationale, das heißt für ein gut gekühltes Lager aus Deutschland oder Belgien oder für ein irisches Guinness. Einer dritten Gruppe aber gilt nur das *real ale* als das wahre englische Bier, weshalb 1971 die *Campaign for Real Ale* mit dem Ziel gegründet wurde, traditionelle Brauweisen zu erhalten und ein »natürliches« Bier zu produzieren, das einem speziellen Fermentierungsprozess unterzogen wurde. Die Grundsätze dieser Kampagne ähneln ein wenig dem deutschen Reinheitsgebot, denn nur Hopfen, Malz, Hefe

Auch das dörfliche Pub,
das »public house«, hat eine ganz
besondere Atmosphäre, die Menschen jeglicher
Herkunft gerne dort eintreten lässt.

und Wasser sind in der Regel erlaubt. Im Pub, meistens einem von Brauereien unabhängigen *free house*, erkennt man dessen Geneigtheit zum *real ale* daran, dass mit großen Handpumpen gezapft wird, obwohl diese oft leider nur noch Dekoration für moderne Hähne sind.

Aber die Kriminalisten gehen wie die anderen Dorfbewohner nicht nur ins Pub, um mittags ein Glas Bier oder Cider, den trockenen Apfelwein Südenglands, oder abends einen Gin Tonic zu trinken — raffiniertere Getränke schenkt der Landlord selten aus —, sondern der Mensch braucht auch etwas Substanzielles, wie es Sherlock Holmes gerne nannte. Der klassische *pub grub*, der traditionelle Imbiss, den es in nahezu jedem Pub gibt, ist der *ploughman's lunch*, der Lunch des Landmanns, den früher der Bauer mit aufs Feld nahm. Diese kalte Mahlzeit hat fast Picknickcharakter, da sie ein-

Pub »Six Bells« in Warborough (Oxfordshire)

fach zuzubereiten ist und die Speisen auch einen längeren Transport überstehen. Auf einem großen Holzbrett, weniger stilvoll auch auf einer Glasplatte, finden sich in der Regel mindestens folgende Zutaten: eine dicke Scheibe Brot mit knackiger Kruste, ein Stück Käse, möglichst aus der Region, zumindest aber aus England, also etwa Stilton, Cheddar oder Shropshire Blue, dann Silberzwiebeln und Chutney, vielleicht auch Apfelschnitze, Tomaten und Stangensellerie. Falls das Angebot opulenter ist, gibt es auch Scheiben von einer Fleischpastete, meistens vom Schwein, und in Cornwall auch eine *pasty*, eine gefüllte Teigtasche. Dazu ein Glas Cider oder ein Pint – aber beides nur, wenn man nicht mehr fahren muss. Denn spätestens wenn man sich auf einer der heckenbestandenen *single track roads* befindet, die das Ausweichen erschweren und den Außenspiegel in Gefahr bringen, ist völlige Nüchternheit notwendig. Und dies gilt natürlich auch und besonders für die ermittelnden Detektive, die im Gasthaus – nicht selten voller Bedauern – nur ihren Beobachtungen nachgehen dürfen. Während Miss Marple ihre wichtigen Informationen im Dorfladen oder zuweilen im *tea room* erhält, ist für den Polizisten das Gespräch am Tresen im Pub wichtig, um bei der Jagd nach dem Täter erfolgreich zu sein.

BATH

Auf der Suche
nach Abwechslung in der Stadt

Sollte die in Südengland lebende Miss Marple wieder einmal in eine Stadt reisen und dabei Großstädtisches vermeiden wollen, dann würde sie es vielleicht mit Bath versuchen, da der Kontrast zum heimischen St. Mary Mead nicht ganz so stark ist – was die *tea rooms* betrifft, sind allerdings Unterschiede festzustellen. Nur wenige Städte weisen derart viele Orte für Teeliebhaber auf wie die Stadt am Avon, doch anders als in einem *village*, sind die meisten in repräsentativen georgianischen Gebäuden untergebracht und vermitteln statt ländlicher Idylle eher royale Pracht. Schon Jane Austen empfand Bath nach der Abgeschiedenheit ihres Heimatdorfes Chawton in Hampshire nur anfangs befremdlich. Denn Bath war und ist überschaubar und fast anheimelnd, doch wird es bedauerlicherweise auch von Mördern und anderen Verbrechern heimgesucht. Seit dem 18. Jahrhundert zieht die Stadt mit ihren heilenden heißen Quellen ständig Touristen an, denen Gesundheit, Historie, Kultur und Vergnügen gleichermaßen wichtig sind. Und deshalb erschien es der Polizei von Bath und der Autorin Jean G. Goodhind sinnvoll, für die Sicherheit der Gäste eine Hotelbesitzerin als Detektivin zu engagieren, um zu verhindern, dass Urlauber,

für die Werbung höchst unerwünscht, gemeuchelt werden – oder wie der Titel eines Bandes heißt: »*Mord ist schlecht fürs Geschäft*«.

Jean G. Goodhind, in Bristol geboren und im Südwesten Englands heimisch, hat in der Bewährungshilfe gearbeitet und selbst einmal ein Hotel in Bath geführt, das sehr merkwürdig gewesen sein muss – voll mit Geistern und seltsamen Menschen. Die Skurrilität dieses Hauses und die Erfahrungen aus ihren Tätigkeiten haben sie auf die Idee gebracht, über kriminelle Seltsamkeiten im Hotelgewerbe zu schreiben. Auch ihre Heldin Hannah »Honey« Driver hat einen leicht exzentrischen Touch, sie sammelt nämlich antike Dessous, denn nichts fühle sich so schön an wie weiche Seide und Fischbeinstangen. Nun, wer es denn mag! Dann muss sie sich zum einen um ihre Mutter kümmern, die sie ständig verheiraten möchte, aber für ein mehr oder minder gelingendes Liebesleben sorgt sie selbst, verschafft ihr doch der neue Job enge Kontakte zu

einem attraktiven Polizeibeamten. Zum anderen macht sie sich Gedanken um die fast erwachsene Tochter, die bedauerlicherweise viel solider ist als sie selbst. Ihre Hauptsorge jedoch hat einem störungsfreien Hotelgewerbe zu gelten, denn, so der Vorsitzende des Hotelverbandes bei ihrer Einstellung: »Mord, Raub und ähnliche Schrecken sind in unserer schönen Stadt um jeden Preis unter Kontrolle zu bringen.« Honey Driver ist eine Art weiblicher Sherlock Holmes, insofern, als sie körperliche Anstrengungen unternimmt und Gefahren nicht scheut, im Gegensatz zu Holmes aber von ihrem Polizisten aus unerquicklichen Situationen gerettet werden muss. Sollte Miss Marple einen Ausflug nach Bath unternehmen und vielleicht im Hotel von Honey nächtigen, könnte sie der jüngeren Kollegin sicher einige Ratschläge geben. Der Wichtigste wäre: Erst denken, dann handeln, sich dabei nicht auf Raufereien einlassen – und mehr auf Kombination als auf Aktion setzen. Und legte Miss Marple dabei eine nicht allzu mütterliche Attitüde an den Tag, würde Honey möglicherweise sogar auf sie hören.

ES LÄUTEN DIE GLOCKEN

Sonntägliches

Wenn schon in einem Dorf eigentlich keine Verbrechen geschehen dürften, um wie viel mehr ist es gänzlich unangebracht, dass ein Pfarrhaus zum Schauplatz eines Mordes wird. Und dennoch muss der Pfarrer von St. Mary Mead in »*Mord im Pfarrhaus*« einen Toten in seinem Studierzimmer finden, der eindeutig Opfer eines Verbrechers war. Dies scheint zunächst die These vom »verbrecherischen Pfarrhaus« Wystan Hugh Audens zu bestätigen.

Doch bei Agatha Christie sind weder Pfarrhaus noch Pfarrer verbrecherisch, sondern das Böse dringt von außen in die klerikale Idylle, um auf Miss Marple als Gegnerin zu treffen. Der Seelenhirte von St. Mary Mead und vor allem seine Frau Griselda haben im ersten Roman der Marple-Serie anfangs durchaus Vorbehalte gegen die ältere Lady. Der Pfarrer schätzt zwar deren Humor, Griselda aber schimpft, Miss Marple sei die schlimmste Katze im Dorf, die immer wisse, was passiere, und daraus wiederum die schlimmsten Schlüsse ziehe. Altersweise merkt der Geistliche an, dass das Schlimmste gewöhnlich stimme! Doch dann freundet man sich auch deshalb an, weil Jane Marple den Pfarrer durch ihre Beobachtungs- und Kombinationsgabe von jeglichem Mordverdacht befreit. Zwar heißt der Pfarrer Leonard Clement (lat. *clemens* = der

---

Dorfkirche von Hartfield (East Sussex) mit Friedhof

Sanftmütige), ist es aber mitnichten. Immerhin hatte der Pastor vor Zeugen beim Mittagessen seiner unchristlichen, aber verständlichen Wut freien Lauf gelassen und erklärt, jeder, der – den absolut widerwärtigen – Colonel Protheroe um die Ecke bringe, erwiese der Welt einen großen Dienst. Und seine Hoffnung erfüllt sich: Der ekelhafte Colonel wird zur nicht minder ekelhaften blutüberströmten Leiche im Studierzimmer des Vikars, und die Polizei sucht und findet den Täter – natürlich unter der sachkundigen Assistenz von Miss Marple.

Nun sollten Pfarrhaus und Kirche den moralischen wie spirituellen Mittelpunkt eines Dorfes bilden, und ein anglikanischer Pfarrer hat wie jeder Geistliche in möglichst jeder Hinsicht ein Vorbild zu sein. Seine Pflichten als Hirte der dörflichen Herde sind die Amtshandlungen von der Wiege bis zur Bahre, von der Taufe bis zur Beerdigung, sind die sonntäglichen Gottesdienste für die Großen wie die Kleinen und sind die Besuche bei den Kranken und Einsamen der Gemeinde. Vor allem aber gilt seine ständige Sorge dem Seelenheil seiner Schäflein, das er mit Predigten und ständigen Ermunterungen für ein tugendhaftes Leben zu befördern sucht. Hätte allerdings der Pfarrer von St. Mary Mead damit immer Erfolg, könnte sich Miss Marple nur noch dem Stricken und der Blumenpflege widmen.

Aber nicht nur der Pfarrer selbst ist wichtig – auch die Bedeutung der Pfarrfrau für den Pfarrhaushalt wie für das Dorf ist nicht zu unterschätzen. Sie kümmert sich ebenfalls um die Armen und Kranken, lädt zum Tee oder Nähkränzchen und bestellt den großen Garten des Pfarrhauses. Ein solcher Garten ist auf dem Lande besonders wichtig, denn er liefert Gemüse und Obst für die Tafel und bunte Blumen für die Seele. Häufig organisiert sie den »Blumendienst« der ehrenamtlichen Helferinnen, die am Samstagnachmittag die Kirche mit schönen Sträußen schmücken und so die Jahreszeiten zur Erbauung ins Kircheninnere holen. In einem Kirchenvorraum sieht man fast immer den »Einsatzplan« für die fleißigen Damen des Dorfes, auf dem die jeweiligen Termine – meistens ist es ein Samstag – verzeichnet sind. Ferner sorgt die Pfarrfrau dafür, dass ihr Mann seinen Pflichten nachkommen kann – vor allem, wenn er so lieb, redselig und vergesslich ist wie Theodore Venables, der Geistliche von Fenchurch St. Peter, einem Dorf im Fenland von Cambridgeshire. Obendrein ist er eine der Hauptpersonen in Dorothy L. Sayers Roman »*Der Glocken Schlag*« und Experte für die englische Art des Glockenläutens. Und Dorothy L. Sayers ist Expertin fürs Klerikale, denn schließlich wuchs sie als Tochter eines Pfarrers fast direkt unter dem Kirchturm auf. Geboren 1893 in Oxford, wo ihr Vater die Chorschule des *Christ Church Colleges* leitete, verbrachte sie ihre Kindheit in Bluntisham-cum-Earith, einem kleinen Dorf mit einer großen Kirche nahe Ely in Cambridgeshire.

Das flache, von Kanälen durchzogene Land der Fens wurde im Laufe der Jahrhunderte trockengelegt, wird aber auch heute noch von Überflutungen heimgesucht. Es ist außerordentlich fruchtbar,

Kirche und Friedhof von Alfriston (East Sussex)

weshalb die Gemeinden in der Regel durchaus vermögend sind. In Bluntisham sieht man das an dem vornehmen großen Pfarrhaus an der Hauptstraße. Dessen Bezeichnung *rectory* verweist darauf, dass in dieser Pfarre ein *rector* amtiert, in anderen ist es (in gleicher Funktion) ein *vicar*, weshalb der von Miss Marple aufgeklärte Mord im *vicarage* verübt wird. Eine dritte Bezeichnung ist *parsonage*, doch für Literaturfreunde ist dieser Begriff eng verbunden mit der Pfarre in Haworth, dem düsteren Wohnhaus der Schwestern Brontë. Welche Bezeichnung aber nun jeweils verwandt wird, ist von der historischen Tradition abhängig.

Dorothy L. Sayers gehörte zu den ersten Frauen, die in Oxford studierten und einen akademischen Grad erwarben. Danach arbeitet sie als Lehrerin und in einer Werbeagentur, bekommt einen unehelichen Sohn, der bei Verwandten aufgezogen und nach vielen Jahren von ihr adoptiert wird. Erst sehr spät, als er die Geburtsurkunde zur Beantragung eines Passes benötigt, erfährt er, wer seine leibliche Mutter ist. Sayers heiratet einen Journalisten, doch ihr Mann leidet unter den Folgen des Krieges und kann sie nicht richtig unterstützen. Um die finanzielle Situation zu verbessern, beginnt sie, ungewöhnlich erfolgreich Detektivromane zu schreiben. Deren Held ist der reiche, gebildete und kriminalistisch versierte Lord Peter Wimsey. Später verfasst sie theologische Werke, übersetzt Dante und amtiert als Kirchenälteste von St.-Thomas-cum-St.-Anne's in Soho. Völlig unerwartet stirbt sie 1957 in ihrem großen Haus in Witham, Essex; ihre Asche wird unter dem Turm von St. Anne in London beigesetzt.

Vielleicht ist Pfarrer Venables eine porträtierte Erinnerung an Sayers' Vater, und die Pfarrfrau mag Sayers' Mutter ähneln — auf alle Fälle aber sind beide in anrührender Weise das Ideal eines pastoralen Paares. Der Rektor, dessen Name nicht zu Unrecht an

linke Seite oben: Porträtfotografie von
Dorothy Leigh Sayers, um 1956
linke Seite unten: Sayers' Held Lord Peter Wimsey,
verkörpert von Ian Carmichael

Die farbenfroh bemalten Dachbalken (»hammerbeam roof«)
der Kirche von Blythburgh (Suffolk)

einen Verehrungswürdigen, einen *venerabilis* denken lässt, hat zwei Leidenschaften: die Pflege der Architektur seiner Kirche und das Wechselläuten, eine für England typische Form des Glockenläutens. Diese Leidenschaft teilt er mit vielen Dorfbewohnern und zugleich mit Lord Peter Wimsey, der bei seinem Besuch für einen erkrankten Glöckner einspringt. Mögen die Kathedralen in England auch prachtvoll und außergewöhnlich sein — man denke nur an Canterbury, York oder Ely —, kaum etwas rührt das Herz und die Seele eines Gläubigen mehr als die vielen Dorfkirchen, deren häufig viereckiger und mit Zinnen besetzter, manchmal auch spitzer Turm wie der von Bluntisham in die Landschaft gewissermaßen hingekuschelt scheint. Im Fenland hingegen, zum Schutze der Dorfbewohner gegen die Flut, stehen die Kirchen oft auf einer kleinen Anhöhe, die den Warften in Norddeutschland ähnelt.

Eine Spezialität insularer Gotik ist das
»hammerbeam roof«, dessen Engel lieblich
von der hölzernen Decke herablächeln,
die Flügel segnend ausgebreitet.

Während Kathedralen geradezu pompös den Blick in den Himmel und damit gewissermaßen in die Ewigkeit lenken, ist eine Dorfkirche im wahrsten Sinne des Wortes geerdet, da sie im täglichen Leben der Bauern eine Funktion hat. Alles, was die Menschen existenziell betrifft, wie Geburten, Hochzeiten und Todesfälle, wird in und an der Kirche gefeiert. Es gibt steinerne Taufbecken mit fein ziselierten Schalen, hölzerne Altäre, deren Bilder nicht selten einen Bezug zur umgebenden Landschaft aufweisen, und baumbestandene Friedhöfe, die hier zu Recht *churchyards* heißen. Eine Fahrt durch die Dörfer von Kirche zu Kirche ist ebenfalls eine Reise durch die Geschichte Englands, durch die Vergangenheit des jeweiligen Dorfes — eine Vergangenheit, die zahlreiche Gedenktafeln an den Wänden und Monumente im Kirchenschiff sowie liebevoll beschriftete Grabsteine auf dem Kirchhof vergegenwärtigen. Und insofern ist diese Historie eine sehr persönliche, da sie die Erinnerung wachhält, nicht an die große nationale Geschichte, sondern an die vielen kleinen Geschichten, die zur Tradition eines Dorfes und seiner Menschen gehören.

Die meisten Kirchen wurden bereits im frühen und hohen Mittelalter errichtet, und nicht selten können Bezüge zum Urvater alles (Normannisch-)Englischen, zu Wilhelm dem Eroberer (11. Jahrhundert), hergestellt werden. Nahezu jedes Dorf, und mag es noch so klein sein, hat eine Kirche und die ist nicht selten größer, als es die Anzahl der Gemeindemitglieder erfordern würde. Vor allem aber repräsentieren die Gotteshäuser den Wandel und die Besonderheiten englischer Architektur vielfältiger und interessanter, als es viele andere Bauwerke könnten. Vielen Kirchen und vor allem ihren zinnengeschmückten Türmen sieht man eine entschlossene Wehrhaftigkeit an: Sie dienten nicht nur der Verteidigung des Glaubens, sondern des ganzen Dorfes in Zeiten des Krieges und anderer Katastrophen. Eine Spezialität insularer Gotik ist das sogenannte *hammerbeam roof*, ein offener Dachstuhl, der sein besonderes Aussehen durch eine raffinierte Bauweise erhält: Relativ kleine Balken wurden einander stützend so zusammengefügt, dass die Decke spitz und hoch angesetzt werden konnte. Diese wurde farbenfroh bemalt, und als Abschluss lächeln sehr häufig Engel lieblich hinab, die Flügel fast segnend ausgebreitet. Derartige Dekorationen finden sich vor allem in East Anglia.

Pfarrer Venables ist sehr stolz auf seine Kirche mit dem Engeldach, und er tut alles, was in seinen Kräften, auch den finanziellen, steht, um das Innere für die Gemeinde attraktiv zu erhalten. Dabei kann er des Zuspruchs von Lord Wimsey sicher sein, der als Kunstkenner die Kirche von Fenchurch bewundert und der ihm zustimmt, wenn er »sein« Engeldach schöner findet als das von St. Wendreda in March. Er brauchte lange, bis die himmlischen

---

rechte Seite oben: Porträt der Autorin P. D. James
rechte Seite unten: P. D. James' Inspector Adam Dalgliesh,
verkörpert von Roy Marsden

Completed
Statements

Heerscharen mit neuem Blattgold restauriert werden durften. Der Kirchenvorstand sah den anglikanischen Pfarrer schon als Abtrünnigen auf dem Weg nach Rom, was in der High Church fast zu den Todsünden gerechnet wird.

Ein anderer Detektiv erfreut sich gleichfalls an der besonderen dörflichen Kirchenarchitektur von East Anglia. P. D. James schickt ihren Ermittler in »*Ein unverhofftes Geständnis*« ans Meer zur Erholung, doch die wird durch einen Kriminalfall unterbrochen. Auf dem Weg zu seiner Tante, die an der Küste von Suffolk ein Cottage bewohnt, besucht Inspector Adam Dalgliesh die Kirche von Blythburgh, ein gewaltiges Gotteshaus in einem kleinen Dorf. Für den Polizisten ist hier der Ort, um Gedanken zu klären, Entscheidungen zu treffen und vielleicht zur Ruhe zu kommen – alles Gründe, die viele Menschen in Gotteshäuser gehen lassen. Beim Eintreten registriert er das, was die Autorin als den typisch anglikanischen Geruch in Kirchen bezeichnet: Bohnerwachs, Blumen und alte, feuchte Gesangbücher. Die Seenähe von Blythburgh fällt vor allem beim Gang über den Friedhof ins Auge: Nicht wenige der Grabsteine sind mit maritimen Symbolen verziert und schmücken die Gräber von Seeleuten und Fischern. Die Kirche ist riesig, das Dorf sehr klein, umso größer ist der Eindruck, den die »Kathedrale der Marschen« weit über das flache Land macht. Und wenn man den hellen Kirchenraum betritt, lächeln von oben die himmlischen Heerscharen herab, die mit ihren ausgebreiteten Flügeln wie Schutzengel über der Gemeinde schweben.

Die außerordentlich prominente Krimi-Lady P. D. James ist East Anglia sehr verbunden; zwar wurde sie nach ihrer Erhebung in den Adelsstand Phyllis Dorothy James, Baroness von Holland Park – dies ihre Wohngegend im Londoner Stadtteil Kensington –, doch an den Wochenenden zieht es sie nach Suffolk, wo sie nahe dem Seebad Southwold ein Haus hat. Geboren ist sie 1920 in Oxford, aufgewachsen aber in Cambridge. Da ihr Vater leider wenig für Mädchenbildung übrighatte und ihr den Wunsch, zu studieren und schriftstellerisch tätig zu sein, nicht erfüllte, da sie Geld verdienen müsse, trat sie schon früh ins Berufsleben ein. Während des Krieges heiratete sie einen Arzt; dieser kehrte sehr krank heim, und wieder musste sie den Lebensunterhalt verdienen — anfangs in der Krankenhausverwaltung, später im *Home Office*, dem Innenministerium. Dort sammelte sie reichhaltige Erfahrungen mit und über Kriminalität, die ihr, als sie endlich mit dem Schreiben von Kriminalromanen beginnen konnte, sehr zustattenkamen. Ihr erster Roman »*Ein Spiel zu viel*« ist nicht nur nach dem Urteil der Autorin sehr im Stil und in der Nachfolge von Agatha Christie geschrieben; er war, wie alle ihre weiteren Werke, sehr erfolgreich. Meistens ermittelt Adam Dalgliesh, ein Gedichte schreibender Scotland-Yard-Beamter, doch — in zwei ihrer Romane — auch eine Privatdetektivin.

Vielleicht sind es ihre eigenen Erfahrungen, vielleicht ist es ein starkes soziales Pflichtgefühl: Im Oberhaus jedenfalls, in dem P. D. James die konservative Seite vertritt, versäumte sie kaum eine Sitzung. Dabei nahm sie sich besonders gesellschaftlicher Probleme an, vor allem der immer noch unzureichend gewürdigten Rolle der Frau. Mit Bedauern und Resignation betrachtet sie das Alter, *ihr* Alter und die Tatsache, dass sie etwa drei Jahre für die Recherche und das Schreiben eines Romans braucht, halten sie davon ab, noch einmal ein Buch zu beginnen. Doch körperliche Beschwerden hindern sie nicht an der kritischen Beobachtung ihrer Gegenwart aus konservativer Perspektive, an dem Einsatz für Mitmenschen und an dem Vergnügen, Kirchen in East Anglia aufzusuchen.

Sind die meisten englischen Dorfkirchen schon so heimelig, dass sie den Lebenden Geborgenheit und Trost vermitteln, so trifft das in anderer Weise für den Friedhof rings um das Gotteshaus zu. Fast immer ist der kirchliche Bereich von einer Steinmauer umfriedet, und man betritt ihn durch ein spezielles Tor, das *lychgate*. Dessen Überdachung war vor allem für Trauerzüge gedacht, die mit dem Toten unter der Pforte auf den Pfarrer warteten. Der Begriff *lych* entstammt dem Angelsächsischen und ist

oben: Das »lychgate«
als feierlicher Zugang zu einer
Dorfkirche und dem Friedhof

sprachlich verbunden mit dem deutschen Wort »Leich«. Natürlich bietet das Tor auch Hochzeitsgesellschaften einen feierlichen Zugang und den Wartenden Schutz bei Regenschauern.

Selbst am Tage können manche Friedhöfe etwas düster wirken, da nicht selten Eiben mit ihren sehr dunklen Nadeln den Weg zum Kircheneingang begrenzen. Dieser Weg führt fast immer an Gräbern vorüber, wobei man seltener als in Deutschland Grabhügel und Gräberreihen sieht. Meistens deckt nur ein wild wuchernder Rasen die Verstorbenen, und einzig verwitterte Grabsteine zeigen die Ruhestätten an. Viele Steine sind bemoost und ihre Inschriften kaum noch leserlich; häufig stehen sie kreuz und quer auf der geweihten Erde. In »*Ein reizender Job für eine Frau*« lässt P. D. James eine ältere Frau sehr pragmatisch darüber sinnieren, warum die Buchstaben in den Stein ihres Mannes tief eingemeißelt wurden: »Das hält ewig [...]. Ich lese gern die Grabsteine, ich will gern wissen, wer die Leute waren und wann sie gestorben sind und wie lange die Frauen noch gelebt haben, nachdem sie ihre Männer begraben haben. Dann fängt man an zu überlegen, wie sie es geschafft haben und ob sie einsam waren.« Es gibt kaum etwas, das für die Menschen auf dem Lande friedlicher und tröstlicher wäre als ein englischer Dorffriedhof, und der Begriff *churchyard* lässt die Toten in einer Umgebung ruhen, in der sie mitten im Tode vom Leben umfangen sind. Miss Marple allerdings findet man kaum bei einem Gang über einen Kirchhof; vielleicht ist in ihrem Alter das Gefühl von Vergänglichkeit und Sterben so präsent, dass sie es nicht noch durch den Anblick von Grabsteinen verstärken möchte.

Selbst wer im Dorf nicht nahe dem Friedhof wohnt, erfährt sehr bald vom Tod eines Mitbürgers – dann nämlich läuten die Glocken. Nach altem Brauch gibt es dreimal drei Schläge, wenn ein Mann, und dreimal zwei Schläge, wenn eine Frau gestorben ist. Daher rührt der Spruch *nine tailors make a man*, wobei die *tailors* jene Glocken sind, die Dorothy L. Sayers in ihrem Roman läuten lässt. In der Silvesternacht möchte der Pfarrer von Fenchurch St. Paul ein gewaltiges Wechselläuten veranstalten: Etwa neun Stunden werden neun Männer im Kirchturm an den Seilen ziehen, um die spezifisch englische Tradition des *bell ringing* mit Leben und Lautstärke zu erfüllen. Zu diesem Zeitpunkt weiß noch niemand, dass ein im Turm eingesperrter Verbrecher durch den extrem lauten Schall der Glocken getötet werden wird.

Wer am Wochenende in England durch die Dörfer fährt, hört nicht selten ein Geläute, das anders als auf dem Kontinent nicht melodisch erklingt, sondern scheinbar ungeordnet durcheinander. Doch dieses *change ringing*, Wechselläuten, wird nach strengen Regeln ausgeführt; sie basieren auf mathematischen Prinzipien und besagen beispielsweise, dass die Glocken nie in derselben Reihenfolge geläutet werden dürfen, sondern in jeweils wechselnder Abfolge. Eine solche Aktivität ist eine intellektuelle Herausforderung für Rechenkünstler und eine sportliche für Konditionsstarke, denn zum einen ist konzentriertes Mitdenken erforderlich und zum anderen die Fähigkeit, viele Stunden mit erhobenen Armen an den mit weichen Fasern überzogenen Glockenseilen zu agieren. Wenn dann am Sonntag die Glöckner ihre Aufgabe erfüllt haben und die Kirchgänger erwartungsvoll heimwärts eilen, kommt für nicht wenige der Höhepunkt des Sonntags – der *sunday roast*. In fast jedem Haushalt und in allen Pubs, die auf eine gute Küche halten, wird Sonntagmittag ein sorgfältig zubereiteter Braten serviert. Dies kann Lamm sein, zumeist die Keule, ein Stück vom Schwein, schön knusprig, oder Geflügel, am liebsten Huhn. Der traditionsreichste Braten jedoch stammt vom Rind – ein zartes Roastbeef, noch leicht rosa, dünn geschnitten und auf der Zunge zergehend. Dazu gibt es die Gemüse der Saison, geröstete Kartoffeln, sehr viel Sauce und als wichtigste Beilage Yorkshire Pudding. Dieses Gericht wird auch im Pfarrhaus aufgetischt und von Lord Peter Wimsey mit Behagen verspeist. Der Yorkshire Pudding ist mitnichten eine Süßspeise, sondern eine herzhafte Teigzubereitung aus Mehl, Milch, Eiern, Fett, Salz und Pfeffer, die im Ofen gebacken wird – außen knusprig und innen noch weich mit einer Höhlung für die Sauce. All das sättigt so sehr, dass die Wartezeit bis zum *afternoon tea* ruhig etwas länger dauern darf.

*Seile zum Glockenläuten
in der Kiche von Bluntisham
(Cambridgeshire)*

OXFORD

*Eine Reise der Liebe
und der Erinnerung wegen*

Lord Peter Wimsey, dessen Familiensitz Denver im weiten Fen-land liegt – einen Ort dieses Namens gibt es nordöstlich von Bluntisham übrigens real –, hätte eigentlich im nahen Cambridge studieren müssen. Doch Dorothy L. Sayers schickte ihn nach Oxford, denn hier kannte sie sich aus. Die Universitätsstadt selbst ist von besonderer Schönheit, und diese wurde von Poeten in schwär-merischer Lyrik besungen. Am berühmtesten ist die Beschreibung von Oxford als »Stadt der träumenden Türme«, unschwer nach-zuvollziehen bei einem Blick über die fast golden leuchtenden Häu-ser. Und die besondere Schönheit gilt auch für die ländliche Umge-bung Oxfords, vor allem für die Cotswolds mit ihren unter dicken Strohdächern ebenfalls träumenden Cottages, denen der gelbliche Cotswold-Stein die aparte Färbung verleiht. Nicht ohne Grund gilt diese Region als das »Herz von England«, als die steingewordene Idylle einer typischen Ländlichkeit.

Auch Dorothy L. Sayers liebte Oxford und seine Umgebung, und sie erfuhr die Landschaft im wahrsten Sinne des Wortes – zu ihren speziellen Vergnügungen nämlich gehörten schnelle Motor-radfahrten durch das südliche England. Ihr Studium am Somer-ville College, das viele Jahre nur Frauen offenstand und berühmte Absolventinnen hatte, von Iris Murdoch über Benazir Bhutto bis Margaret Thatcher, beeinflusste ihr weiteres Leben nachhaltig — bis hin zu dem vorletzten Band in der »Lord-Wimsey-Reihe«, in dem das Verbrechen in das scheinbar friedliche akademische Leben eindringt. Wo so viele, nicht selten sehr ehrgeizige Menschen auf engem Raum zusammenleben, gibt es Probleme, Reibereien, Streit, manchmal sogar Kriminalität. Bei seiner detektivischen Arbeit hat Wimsey Harriet Vane, die Frau seines Lebens, kennengelernt, doch sie zögert, sein Werben zu erhören. Erst muss er sie vom Mordverdacht befreien, dann von ihrem Junggesellinnendasein — beides gelingt, das Letztere aber erst spät, nach langen und unerfreulichen Ermittlungen im *Shrewsbury College*, das Sayers ihrem eigenen College nachgebildet hat.

Harriet ist zu einer *gaudy*, einem fröhlichen Treffen der Ehemaligen, wie es noch heute gefeiert wird, an ihre alte Bildungsstätte zurückgekehrt. Anonyme Briefe und andere Drohungen gefährden dort das bisher friedliche Zusammenleben. Die Rektorin des Colleges bittet sie, die Ereignisse aufzuklären, doch trotz al-

ler emanzipatorischen Bemühungen gelingt Harriet dies erst, als ihr Wimsey zu Hilfe kommt. Die Urheberin allen Ungemachs ist die Witwe eines Wissenschaftlers, die Rache dafür nimmt, dass ein Mitglied von *Shrewsbury* falsche Forschungsergebnisse ihres Ehemannes aufdeckte, weshalb er Selbstmord beging. In einer hysterischen Schlussapotheose beschuldigt sie alle Akademikerinnen der Unweiblichkeit, weil sie die Wissenschaft nicht den Männern überließen und selbst daheim am Herd blieben — ihre eigentliche Bestimmung. Am Ende des Romans, kurz bevor Harriet Wimseys Heiratsantrag annimmt, tun beide das, was jeder Besucher Oxfords tun sollte, nämlich einen Turm besteigen, um über die Stadt schauen zu können und dann zu sehen, was Dorothy L. Sayers so beschreibt: »Türme und Zinnen und Innenhöfe, [...] ganz Oxford in lebendem Grün und dauerhaftem Stein, in der Ferne umsäumt von seinem Bollwerk blauer Berge.«

Eine der besten Aussichten hat man vom Turm der Universitätskirche St. Mary the Virgin, direkt an der High Street gelegen, mit den wichtigsten Colleges und der *Bodleian Library* ringsum. Und wenn der Blick auf die steingewordene Gelehrsamkeit fällt, kann man sich nicht vorstellen, dass auch unter diesen Dächern Verbrechen geplant und begangen werden — und zwar von besonders gut trainierten Hirnen. In diese Hirne kann sich auch Veronica Stallwood mit ihrer Romanreihe über Untaten in Oxford hineinversetzen, denn zu den verschiedenen Berufen, die sie ausübte, gehörte auch der einer Bibliothekarin in der *Bodleian Library*. Geboren in London, kam sie sehr bald durch die Tätigkeit ihres Vaters im auswärtigen Dienst in verschiedene Länder. So sammelte sie — auch sprachliche — Erfahrungen in Griechenland und im Libanon, wo sie eine französische Schule besuchte. Später lebte sie mit ihrem Mann und den beiden Kindern ebenfalls meist im Ausland. Doch da ihr Mann, so Stallwood in einem Interview, etwas dagegen hatte, dass seine Frau arbeitet, ging sie mit den Kindern zurück nach England, ohne genau zu wissen, wovon sie leben sollten. In Oxford bekam sie sehr schnell eine Anstellung in der *Bodleian Library*, und aus dem Umgang mit *vielen* Büchern wurde bald die Arbeit für *ein* Buch, genauer: für die Krimiserie mit der Heldin Kate Ivory. Die ist ihrerseits damit beschäftigt, einen Roman zu schreiben, doch ständig kommt ein Kriminalfall dazwischen, den sie mit ihren Freunden aufklären muss. Dabei wird klar, wie gefährlich Oxford ist. Aber als Kate in das Cottage einer Freundin aufs Land flüchtet, muss sie erfahren, dass es auch dort Verbrecher gibt. Veronica Stallwood lebt ebenfalls auf dem Land, in dem kleinen Ort Charlbury, etwa 30 km nordwestlich von Oxford, und von ihrem Cottage kann sie angeblich in die Cotswolds schauen – nur scheinbar idyllischer als Oxford.

Welch blutige Leidenschaft und tödliche Sinnlichkeit hinter den Mauern eines Frauencolleges lauern können, hat sehr viel deftiger als Dorothy L. Sayers und Stallwood die Schottin Val McDermid in »*Alle Rache will Ewigkeit*« beschrieben, und auch sie zeigt Oxford aus höchst eigener Erfahrung. McDermid, 1955 in einem kleinen Bergarbeiterort an der schottischen Ostküste geboren, bekam als Schülerin einer öffentlichen Schule ein Stipendium für das bis vor wenigen Jahren ausschließlich Frauen vorbehaltene *St. Hilda's College* in Oxford. Nachdem sie es geschafft hat, den für ihre akademische Umwelt etwas gewöhnungsbedürftigen schottischen Akzent abzulegen, ermöglicht ihr das Studium neue Erfahrungen und eröffnet ihr eine neue Welt, die ihr weiteres Leben bestimmt. Nach ihrem Examen arbeitete sie längere Zeit als Journalistin in Glasgow und Manchester, und deshalb sind die Schauplätze ihrer ersten beiden Krimireihen sicher nicht zufällig diese beiden Städte. Für viele ihrer Romane ist Val McDermid mit literarischen Preisen und Auszeichnungen geehrt worden, und 2011 erhielt sie einen Ehrendoktor der Universität in Sunderland. Jetzt fehlt nur noch eine Würdigung von St. Hilda's, denn immerhin erscheint das College in ihrem neuesten Roman, wenn auch unter dem eher mittelalterlich klingenden Namen St. Scholastika.

Als Heldin agiert die Psychologin Charlie Flint, vom Dienst suspendiert wegen angeblich falscher Begutachtung und auf der Suche nach sinnvoller Beschäftigung. Diese scheint sich zu ergeben, als ihre ehemalige Dozentin in Oxford sie mit Nachforschungen beauftragt – der Mann ihrer Tochter ist am Hochzeitstag auf dem Gelände des Colleges ermordet worden, und als Täterin scheint nur die neue Partnerin der Witwe infrage zu kommen. Auch Charlie hat eine Lebensgefährtin, fühlt sich aber zu einer anderen Frau hingezogen, die ebenfalls in der Universitätsstadt lebt, und in diesem Gefühlswirrwarr soll sie nun einen Mord aufklären. Um gründlich zu ermitteln, sucht sie ihr altes College auf, das genau wie *St. Hilda's* am Fluss liegt. Dabei muss sie widerstrebend feststellen, dass sich die Bande, die einen Menschen an Oxford fesseln, nie wirklich lösen lassen. Trotz aller emotionalen Verwicklungen bemüht sie sich um die Aufklärung der Verbrechen, die – so stellt sich am Ende heraus – aus Wahnsinn und Liebe begangen wurden, was in Kriminalromanen zuweilen dasselbe meint. Glücklicherweise lässt die Kriminalstatistik der Universitätsstadt erkennen, dass sich die Thames Valley Police nicht annähernd mit so vielen Morden zu beschäftigen hat, wie Val McDermid und ihre Kolleginnen in Oxford geschehen lassen.

VERGNÜGLICHES

Sport, Feste und Feiern

Wenn Miss Marple in Gestalt von Margaret Rutherford sich erholen will (oder sich wehren muss), sattelt sie das Pferd, schwingt den Golfschläger oder lässt sich auf ein Fechtduell ein, denn in all diesen sehr englischen Sportarten agiert sie meisterlich. Doch die häusliche Miss Marple, so wie sie Agatha Christie erschuf, tut nichts dergleichen — sie schiebt noch nicht einmal eine ruhige Bowlingkugel; stattdessen strickt sie, liest oder gibt vor, die Vögel in ihrem Garten zu beobachten, wobei ihre Blicke eher den schrägen Vögeln in der Nachbarschaft gelten. Ihrem Blick werden aber sicher nicht jene Aktivitäten entgehen, mit denen sich die anderen Dorfbewohner vergnüglich in ihrer freien Zeit selbige vertreiben. Natürlich ist der Sonntag prädestiniert für Feiern und Vergnügen, aber meistens ist das ganze Wochenende und manchmal noch der Montag als *bank holiday* (ein Tag, an dem die Banken geschlossen sind, Feiertag) der Ablenkung vom Alltag gewidmet.

Von allen Aktivitäten, die im weitesten Sinne dem Sport zugerechnet werden können, vereinigt eine alle Essentials des englischen *country life* in sich: das *fox hunting*, die Parforce- oder Fuchsjagd. So begeistert sie von vielen Menschen betrieben wird, so leidenschaftlich wird sie von ebenso vielen abgelehnt, ist sie doch

---

Regal mit Wanderstiefeln für Gäste (»Gone for a walk«)

erst dann erfolgreich, wenn am Ende viele Hunde (und Reiter) des Fuchses Tod waren. Deshalb wurde die blutige Hatz verboten, und die Meute darf seit 2005 nur noch einer »Duftfährte« hinterherjagen. Diese Veranstaltungen sollten vor allem im Herbst oder Winter stattfinden, wenn die Ernte eingebracht und die neue Saat noch nicht gesprossen ist, denn sonst wären die Verluste für die Bauern zu gravierend. Ein traditioneller Jagdtag ist der *boxing day*, der Zweite Weihnachtstag, an dem sich die Reiter, vorschriftsmäßig in rote oder schwarze Jacken und weiße Hosen gekleidet, mit glänzenden Stiefeln und manchmal sogar mit Zylindern ausstaffiert und angeführt vom *Master of the Hunt* (oder vom *Master of Foxhounds*), auf dem Dorfanger versammeln, umgeben von vielen herumwuselnden Hunden und in Erwartung eines spannenden Verfolgungsritts. Für wirkliche Pferdeliebhaber geht es nur um den Spaß am Reiten, möglicherweise am schnellen Reiten, und für die wäre vielleicht der Besuch einer Rennbahn sinnvoller, wie sie meistens in ländlichen Gegenden liegt. Auf den riesigen Reitbahnen rings um Newmarket zum Beispiel, der englischen Hauptstadt für Pferde und Reiter, erhält man einen Eindruck davon, wie schnell 1 PS sein kann – und dabei muss kein Fuchs um sein Leben fürchten.

Ann Granger macht die Fuchsjagd noch vor deren Verbot zum Thema ihres Romans »*Fuchs, du hast die Gans gestohlen*«. Die Jagdgesellschaft besteht aus den Honoratioren des Ortes, vor allem aus den reichen Mitbürgern, denn eine Hundemeute zu unterhalten kostet fast ein Vermögen, und auch gute Pferde sind sehr teuer. Als dramatische Steigerung gibt es die unausweichlichen Demonstrationen gegen das blutige Vergnügen und plötzlich eine Leiche – die Fuchsjagd endet, bevor sie noch begonnen hat, und die Jagd auf den Mörder nimmt ihren Anfang. Ann Granger, geboren 1939 in Portsmouth, war nach ihrem Studium der neueren Sprachen an der Londoner Universität erst in anderen Berufen aktiv, bevor sie begann, Kriminalromane zu schreiben. Sie arbeitete als Lehrerin in Frankreich und trat dann in den diplomatischen Dienst ihres Landes, der sie unter anderem nach Jugoslawien, Österreich und Deutschland – und in die Ehe mit einem Kollegen – führte. Auch die detektivische Heldin ihrer Serie »*Mitchell & Markby*« ist Diplomatin und gerade aus Ungarn in einen kleinen Cotswolds-Ort zurückgekehrt, in dem sie ein Cottage gemietet hat. Nun muss sie den Tod ihrer reit- und jagdbegeisterten Nachbarin zusammen mit einem ihr zunehmend näher stehenden Polizeibeamten aufklären – wenigstens die Ermittlungen haben ein Happy End.

Wer auf einem Dorf weder die Neigung noch das Geld für die Fuchs- oder andere Jagden hat, der kann sich, so er ein Mann ist, einer Sportart widmen, die außer der Anschaffung eines Schlagholzes und weißer Kleidung relativ wenig Kosten verursacht, dem Cricket. Bedauerlicherweise nämlich scheint dieses Spiel im Bewusstsein der Öffentlichkeit immer noch ein Sport für Männer zu sein, dabei gab es schon im 18. Jahrhundert junge Frauen, die als *women cricketers* gegeneinander antraten, und auch heute findet man etliche Damenmannschaften – vor allem natürlich in Groß-

Rennreiterinnen beim Training »on gallops«

britannien und im Commonwealth. Meistens ist der Dorfanger die Austragungsstätte der Herrenmatches, die mindestens einen Tag, zuweilen aber noch länger dauern können. Ein derart langwieriges (böse Zungen sagen: langweiliges) Sportereignis braucht natürlich auch ein Umfeld, in dem sich gesellschaftliche Aktivitäten entfalten können, die für das dörfliche Leben wichtig sind. Deshalb wird der Wettkampf gegen Mittag unterbrochen durch einen leichten Lunch und später am Tag durch den *afternoon tea*, beide Mahlzeiten liebevoll von den Damen des Dorfes zubereitet und präsentiert.

Um die Cricketregeln zu erläutern, müsste hier (mindestens) ein eigenes Kapitel geschrieben werden, was nicht heißt, dass sie dann unbedingt klarer würden. Auch wenn das Spiel ein Kampf zweier Mannschaften gegeneinander ist, stehen sich im direkten Duell Werfer (*bowler*) und Schlagmann (*batsman*) gegenüber. Der Schlagmann muss den geworfenen Ball möglichst weit weg schlagen, um mehrfach über das Spielfeld (*pitch*) laufen zu können, der Werfer hingegen hat genau dieses durch die Raffinesse seines Wurfes zu verhindern.

Lord Peter Wimsey, der in Dorothy L. Sayer's »*Mord braucht Reklame*« zwecks Aufklärung eines Mordes unter anderem Namen in eine Werbeagentur eintritt, wird als Spieler für die firmeneigene Cricketmannschaft verpflichtet und fährt mit dieser zu einem Match aufs Land. Wimsey trägt beim Spiel den Pullover seines Oxforder Colleges, aber nicht nur deswegen wird er von einem Experten erkannt. Seine Lordschaft ist nämlich ein exzellenter, strategisch denkender Schlagmann mit einem speziellen Stil und als solcher berühmt bei Kennern. Wimsey verschafft deshalb auch, seine Tarnung vernachlässigend, seinem Team in einem schon verloren geglaubten Spiel den Sieg. Aber viel wichtiger für die Ermittlungen ist etwas anderes: Die besondere Treffsicherheit eines Werfers führt den adligen Detektiv zur Lösung des Mordfalls – ein Cricketmatch als Teil kriminalistischer Kombinatorik.

---

linke Seite oben: Die Autorin Anne Granger vor mystischer Kulisse
linke Seite unten: Cricketausrüstung

Auf dem Dorfanger findet nicht selten auch die *village fête* statt, ein Vergnügen, das besonders der Gemeinschaft dient, weshalb fast alle Dorfbewohner in irgendeiner Weise zur Gestaltung beitragen. Die Damen sorgen für die stärkenden Erfrischungen und bieten selbst gebackenen Kuchen, Tee in großen Kannen und spezielle Limonaden nach alten Hausrezepten an. Dabei besinnt man sich auf die Früchte und Blüten heimischer Pflanzen – von Holunder über Brombeeren bis Rosenblüten ist alles möglich. Die Herren kümmern sich um die Tombola und um jene Stände, an denen die Kinder (und die kindlich Gebliebenen) in den unterschiedlichsten Sportarten wetteifern, sei es im Bogenschießen oder im Hufeisenweitwurf. Auch spezielle Wettbewerbe finden statt wie »Wer hat den größten Kürbis gezogen?«, »Wer macht die leckerste Marmelade?« oder »Wer hat den schönsten Hund?«. Schließlich sind wir ja auf dem Dorf! Solche Veranstaltungen können allge-

Auf dem Dorfanger findet nicht selten die
»village fête« statt – bei der man sich ebenso vergnügen
wie gegenseitig ermorden kann ...

meine Dorffeste sein, wie man sie als *village fair* von den Cotswolds bis nach Cornwall im Sommer feiert, oder es sind Wohltätigkeitsbasare, die meistens von der Kirchengemeinde organisiert werden. Bei diesen Anlässen kann St. Mary Mead immer auf Miss Marple zählen, die entweder Spenden sammelnd von Haus zu Haus geht (und dabei nicht versäumt, auch Beobachtungen zu sammeln) oder selbst etwas beisteuert, beispielsweise eine Flasche ihres selbst angesetzten Kirschlikörs (»ein Rezept meiner Großmutter«); über dessen Wirkung allerdings ist wenig bekannt. Oder auf die arme Miss Simpson, die in Badger's Drift einem Mord zum Opfer fällt. Sie wird auch deshalb von den Dorfbewohnern vermisst, weil sie zuvor immer Eingemachtes, Honig und Marmelade für den Kirchenbasar stiftete.

Kaum etwas Vergnüglicheres könnte es also geben als Dorffeste, doch wenn man in einem der kleinen Orte von Midsomer County lebt, sollte man sehr aufpassen beim Besuch derartiger Belustigungen, damit man auch am Leben bleibt. Denn inzwischen – so zumindest die englischen Medien – gilt Midsomer als die *murder capital of Europe*, vielleicht sogar als brutalste Region der Welt, und dabei sind noch nicht Verbrechen wie Erpressung, Misshandlung, Inzest, Diebstahl und Raub berücksichtigt. Das Irritierende an dieser »Mordsgegend« ist die Tatsache, dass man sich – auf den ersten Blick, versteht sich – eine beschaulichere Landschaft mit den obligaten idyllischen Dörfern kaum vorstellen kann, aber gegen diese Orte ist St. Mary Mead sogar noch ein Hort des Friedens und der Eintracht.

Schuld an einer derart kriminellen Verwilderung der Sitten ist Caroline Graham, die zwar »nur« sieben Romane über Midsomer und Inspector Tom Barnaby geschrieben hat, zugleich jedoch Ideengeberin für eine seit 1998 in der ganzen Welt ausgestrahlten Fernsehserie wurde mit inzwischen fast hundert Folgen. Zu deren Fans gehörten Queen Mum und Prinzessin Margaret, und sie soll auch von der Königin gerne gesehen werden. Diese hat den Hauptdarsteller John Nettles für seine Verdienste um die Gerechtigkeit in Midsomer besonders geehrt.

Die Autorin Caroline Graham kann auf eine recht ungewöhnliche Biografie zurückblicken. 1931 in Nuneaton auf die Welt gekommen, verließ sie schon recht früh die reguläre Schule, um in Paris eine Ballettschule zu besuchen. Sie diente in der Marine beim *Women's Royal Naval Service*, schauspielerte, führte ein Eheanbahnungsinstitut, heiratete selbst und arbeitete freiberuflich für den Rundfunk. Sie betrieb sogar, wie sie in einem Interview sagte, eine Art Marktforschung, um herauszufinden, welche Art von Texten besonders gern und häufig gelesen würde – das Ergebnis war ihr erster Kriminalroman »*Die Rätsel von Badger's Drift*«. Und der war sofort erfolgreich: hohe Auflagen, mehrere Preise und die Aufnahme in die Liste der hundert besten Krimis aller Zeiten, 1990 erstellt von der britischen *Crime Writers' Association*. Caroline Graham lebt jetzt in Suffolk, in einer Grafschaft, die bei Krimiautorinnen sehr beliebt ist.

Wer Dorffeste besucht und die Gefahr nicht scheut, erlebt typisch Englisches in seiner traditionellsten und vielleicht skurrilsten Form.

In vielen Folgen der Midsomer-Serie, die allerdings noch nicht alle in Deutschland zu sehen waren, findet man sich zu fröhlichem Treiben auf dem Dorfanger ein, um dann vielleicht vergifteten Wein zu schlürfen, von einem gut gezielten Pfeil getroffen zu werden oder bei einem Musikauftritt einen tödlichen Stromschlag zu erleiden. Deshalb gibt der Serien-Gerichtsarzt in einem Extra-Fernsehauftritt mit dem Titel »*Surviving Midsomer*« als wichtigsten Rat, wie man die Gegend im eigenen Auto und nicht im Leichenwagen wieder verlässt: Auf keinen Fall Dorffeste besuchen! Doch wer die Gefahr nicht scheut, erlebt typisch Englisches in seiner traditionellsten und vielleicht auch skurrilsten Form. Dazu gehören sicherlich die *Morris Dancers*, die nicht nur zum Maifest oder zu Pfingsten auftreten, sondern die ihre Volkstänze, unterstützt von Musik auf alten Instrumenten, bei Dorffesten aufführen. Mindes-

Inspector Tom Barnaby, verkörpert von John Nettles,
und Sergeant Gavin Troy (Daniel Casey)

tens seit dem 16. Jahrhundert ist diese Tradition nachweisbar, bei der sich weiß gekleidete Männer mit Glocken an den Hosenbeinen, Taschentücher schwenkend und Stöcke gegeneinanderschlagend, auf dem Dorfanger produzieren. Dass inzwischen auch Frauen mitmachen, ist für Traditionalisten natürlich ein wahrer Kulturschock, dennoch verliert das Schauspiel selbst für diese kaum an Attraktivität. Für Touristen vom Kontinent hat es sowieso einen nicht unerheblichen Grad an exzentrischer Folklore.

Nicht ohne Grund heißt die Fernsehserie, die in Deutschland unter dem Titel »*Inspector Barnaby*« läuft, in Großbritannien »*Midsomer Murders*«, also »Morde in Midsomer«. Trotz des unbestreitbaren Gefahrenpotenzials ist jene Gegend der Britischen Insel, in der das fiktive Midsomer liegt, eine Attraktion für Reisende. Die Grafschaften Buckinghamshire, Oxfordshire und Berkshire sind es vor allem, die mit ihren Dörfern eine fast nostalgische Kulisse bilden für eine Welt, scheinbar von gestern, doch nicht nur durch die brutalen Verbrechen gegenwärtig.

Interessanterweise wurde die Polizeistation Causton vom Filmteam von Midsomer nach Wallingford an der Themse verlegt, und somit kann dieser Ort gewissermaßen zwei erfolgreiche Kriminalisten zu seinen Einwohnern zählen – den fiktiven Ermittler Inspector Barnaby und die reale Ermittlungserfinderin Agatha Christie.

Miss Marple wird im Laufe ihres Romanlebens älter, häuslicher und weniger geneigt, Anstrengungen auf sich zu nehmen. Aber das müsste sie tun, um dem Trubel und den Aufregungen eines Dorffestes zu entgehen – vor allem der Musik und den Morden. Das Beste wäre nämlich, eine Wanderung zu planen und durch jene Gegend zu streifen, die sonst von den Reitern mit ihrer Meute unsicher gemacht wird. Also die *wellies*, die Gummistiefel, angezogen und querfeldein marschiert, wobei das in England weniger Probleme macht, wenn man sich auf dem *public footpath* bewegt, einem Wanderweg auch über privates Gelände. Anders als Miss Marple, war Agatha Christie eine begeisterte Wanderin, die gerne mit der Familie das Dartmoor durchstreifte, allerdings wohl kaum, um das *Dartmoor Prison* in Princetown zu besuchen, in das einige ihrer gewalttätigen Romangestalten eingeliefert worden sein dürften. Auf den Heideflächen des Moores tat man das, was ebenfalls zu den Leidenschaften der Engländer gehört: Man veranstaltete ein opulentes Picknick. Und das braucht gründliche Vorbereitung und Planung!

Wesentlich sind eine Wiese ohne Kühe, Fliegen und Ameisen und unabdingbar gutes Wetter, wobei das nicht unbedingt die Anwesenheit von Sonne, sondern die Abwesenheit von Regen meint. Und das Wichtigste ist natürlich ein leckerer Imbiss, variationsreich, aber nicht zu reichlich, damit die nach dem Essen einsetzende Müdigkeit die Gesellschaft nicht erst in der Nacht auf inzwischen feucht gewordenen Wiesen wieder aufwachen lässt. Es

Dartmoor in Devon liegt auf einem
Granitmassiv und bietet lange Wanderwege, viele Hügel
und außergewöhnliche Steinformationen.

gibt ein paar Grundregeln, die ein Picknick erfolgreich werden lassen. Vor allem dürfen Korb und andere Behältnisse nicht zu schwer sein, damit der Transport — so die Decke nicht direkt neben dem Auto ausgebreitet wird — gut zu bewältigen ist. Dann sollten möglichst nur kalt zu servierende Speisen mitgenommen werden, da warme bloß unter beträchtlichem Aufwand ihre Temperatur behalten. Also bevorzugt man verschiedene bunt gemischte Salate wie zum Beispiel Tomaten-, Bohnen-, Coleslaw- und Gurken-Kartoffel-Salat, alle mit möglichst festen Zutaten und nicht etwa schlaff werdende Blattsalate. Als Hauptgang ein kalter Braten, Geflügel oder Roastbeef und zum Dessert Früchte, vielleicht Erdbeeren à la Wimbledon. Nichts sollte so süß und klebrig sein, dass Wespen oder anderes Getier angelockt würden.

Den Weißwein, vielleicht sogar den Champagner, hat die Gesellschaft in einer Kühltasche mitgeschleppt, und nun können die-

Ausschilderung für einen Wanderweg bei
Agatha Christies Anwesen Greenway. Auf dem Bild ist das
Bootshaus von Greenway zu sehen.

se das Mahl im Grünen einleiten. Als Aperitif wird aber auch gern der traditionelle englische Drink der warmen Jahreszeit gereicht, nämlich Pimm's No 1, der allerdings einige Zutaten benötigt, damit er stilvoll und traditionell serviert werden kann. Aufgefüllt wird Pimm's entweder mit Zitronenlimonade oder, wenn's royal sein soll, mit Champagner; dann noch einige Minzeblättchen, Zitrone oder besser noch Limette, etwas Orange, Gurkenstücke und einige Erdbeeren, klein geschnitten – so schmeckt der Sommer in England. Vorher aber ist eine große Decke auszubreiten, deren Unterseite gegen mögliche Feuchtigkeit gesichert ist, und darauf, wenn es perfekt sein soll, eine weiße Tischdecke. Auf dieser finden nicht nur die Genießer, sondern auch das zu Genießende Platz, denn ein Picknick ist eine Art »Buffet im Sitzen«, bei dem man alles im Blick und im Wechsel des Appetits (fast) alles auf dem Teller hat. Und gemeinsam hoffen alle, dass sich das nächste Verbrechen erst am folgenden Tag ereignet.

CAMBRIDGE

Akademische Morde und andere Unerfreulichkeiten

Jeder sportbegeisterte Mensch ist in einer Universitätsstadt gut aufgehoben, und auch Cambridge macht da keine Ausnahme. Auf den großen Greens wie Parker's Piece wird Cricket gespielt, auf der Cam trainieren die Ruderer mal im Einer, mal im Achter, und wer es gerne bequem hat, lässt sich in einem *punt* treiben, einem jener flachen Boote, die mit einer langen Stange vom Heck aus gestakt werden. Lord Peter Wimsey, der Harriet Vane zu einer Kahnpartie eingeladen hat, ist allerdings der Meinung, es mache mehr Spaß, selbst zu staken, als sich staken zu lassen. Und das tut er dann auch mit großer Eleganz und voller Vorfreude auf ein Picknick, das zu einer Bootsfahrt gehört.

Dann gibt es natürlich Scharen von Joggern, die frühmorgens Energien für das Studium gewinnen und abends den Frust des Tages weglaufen wollen. Aber auch diese scheinbar harmlose Sportart kann gefährlich sein – nicht wegen möglicher orthopädischer, sondern wegen möglicher mörderischer Komplikationen. Dies muss in »Denn bitter ist der Tod« eine junge sportliche, leider gehörlose Studentin erfahren, die bei ihrer morgendlichen Joggingrunde entlang der *backs*, der Rückseiten der Colleges an der Cam, erschlagen wird, da sie die nahende Gefahr nicht hören konnte. Die

Autorin Elizabeth George schickt zur Aufklärung des Mordes Inspector Lynley und dessen Sergeantin Havers nach Cambridge, um in der trotz aller Emanzipation immer noch männlich dominierten Universitätswelt zu ermitteln. Dabei zeigt sich, dass unabhängig von akademischen Verhältnissen die Motive für Morde immer dieselben sind: Liebe, Eifersucht, Enttäuschung und Rache. Und zu welcher Profession, zu welcher Schicht (in England noch von Bedeutung) jemand gehört – im Verbrechen scheinen alle gleich zu sein.

(Susan) Elizabeth George wurde 1949 in einer kleinen Stadt im US-Staat Ohio geboren und wuchs in Kalifornien auf. Nach einem Englischstudium arbeitete sie viele Jahre erfolgreich als Lehrerin an verschiedenen Highschools, ohne dabei aber ihre Neigung, vielleicht sogar Leidenschaft fürs Schreiben aus dem Blick zu verlieren. Diese Begeisterung kam schon sehr früh mit einer ähnlich starken Neigung zu Großbritannien zusammen; als sich Elizabeth

*Die Autorin
Elizabeth George,
um 2001*

George zum Romanschreiben entschloss und dies in der Krimi-sparte unternahm — was lag näher, als das so sehr geliebte und be-wunderte Land zum Schauplatz der Bücher zu machen? Regelmäßig kommt sie für ihre Recherchen auf die Insel, damit Lokales wie So-ziales möglichst nah an der aktuellen Realität sind. Zeitweise hat-te sie sogar eine Wohnung in London. Anders als in vielen ande-ren Krimiserien, trifft das Publikum bei den Hauptpersonen von George auf Menschen, die ein genau beschriebenes Leben führen und sich von Buch zu Buch in ihrer Biografie weiterentwickeln. In einem *Spiegel*-Interview erklärt die Autorin das gewissermaßen ku-

linarisch: »Rein plotgesteuerte Geschichten können zwar unterhalten, sind aber wie Popcorn. Sie machen nicht satt. Was Leser
an Büchern fesselt, sind die Charaktere.« Und *dass* ihre Charaktere fesseln, hat Elizabeth George geschafft! Ihre Romane haben
inzwischen Millionenauflagen und wurden – immer ein Zeichen
für Popularität – von der BBC für das Fernsehen verfilmt.

Die TV-Serie wird auch in Deutschland gerne gesehen, denn
die Protagonisten sind auf ihre Art typisch und individuell zugleich.
Inspector Lynley ist von Adel wie Lord Wimsey, aber sogar ein Earl
(Graf), sein *sidekick* ist die Sergeantin Barbara Havers, eine junge
Frau aus der *working class*, deren Vorbehalte gegen ihren vornehmen
Chef nur langsam schwinden und hin und wieder für Konflikte in
dem kleinen Team sorgen. Gerade die präzise Beschreibung der in
England immer noch existierenden Klassenunterschiede hat nicht
wenige Leserinnen und Leser vermuten lassen, Elizabeth George
sei eine Britin. Obendrein hat ein »gemischtes« Team nicht sel-
ten auch noch das Geschlechterrollenproblem, das es in fast allen
Berufen und so natürlich auch bei der Polizei gibt.

MY COTTAGE IS MY CASTLE

Häusliches

Miss Marple wohnt, so Agatha Christie, mitten in St. Mary Mead in einem Queen-Anne-Haus, das schon vor vielen Jahren gebaut wurde – vielleicht sogar tatsächlich zur Zeit von Queen Anne Anfang des 18. Jahrhunderts. Jedenfalls sieht es alt und gemütlich aus, mit einem Reetdach, kleinen Fenstern und einem schönen Garten ringsum. Da Agatha Christie in Devon aufgewachsen ist und die dortigen *villages*, wie zum Beispiel das Bilderbuchdorf Cockington, tatsächlich nur strohgedeckte Häuser aufweisen, wird die Autorin es – vielleicht davon inspiriert – ihrer Lieblingsheldin besonders wohnlich und heimelig gemacht haben. Als häufige Wanderin durchs Dartmoor hat die Autorin möglicherweise Widecombe-in-the-Moor vor Augen, das sich tief in eine Senke des Nationalparks kuschelt, um vor den Winden und dem Schnee etwas geschützt zu sein; allerdings haben in dem Dorf nur wenige Cottages ein Reetdach.

Wenn in St. Mary Mead dem Cottage von Miss Marple benachbarte Häuser verkauft werden, ändern die neuen Besitzer kaum etwas – schließlich haben sie wie etwa in »*Mord im Spiegel*« das neue Heim gerade wegen seines »altmodischen Charmes« gekauft. Die einzigen Neuerungen betreffen vielleicht ein Badezimmer,

Ein farbenfroher und typisch idyllisch-nostalgischer Eingang zu einem Cottage

neue Leitungen oder die Ausstattung der Küche mit einem elektrischen Herd sowie einer Spülmaschine. Diese allerdings würde Miss Marple nicht geduldet haben; schließlich vertraut sie ihr feines Geschirr mit dem Goldrand noch nicht einmal dem robusten Zugriff ihres Hausmädchens an! Da ihr jedoch der Wandel der Welt bewusst ist, akzeptiert sie auch ihre neuen Nachbarn. Darunter befindet sich ein Bankdirektor mit seiner Familie, der in bezeichnender Weise den neuen Typus des Dorfeinwohners repräsentiert: Wohlhabende Städter ziehen sich aufs Land zurück, zu den Wurzeln echter englischer Lebensweise. Und ganz im Innersten ist die neue Welt genauso wie die alte, stellt Miss Marple fest, als sie durch die Siedlung, den modernen Teil des Dorfes, spaziert, denn wenn sich das Äußere auch ändern mag, »die Menschen selbst waren sich gleich geblieben«.

Unverändert ist auch die Liebe zur Tradition, die sich in dem immer noch vorherrschenden Bild vom ländlichen England zeigt. Dieses scheint in der Vorstellung nicht weniger Menschen vor allem zwei Haustypen aufzuweisen: das *country house* und das Cottage, wobei unter historischen Aspekten betrachtet nicht nur die Architektur der Gebäude, sondern auch die Gesellschaftsschicht der Bewohner höchst unterschiedlich waren. Der Begriff des *country house* ist übrigens etwas irreführend, da unter dieser Bezeichnung auch schlossähnliche Gebäude geführt werden. *Country houses* gehörten zumeist dem Adel, während die Cottages als Häuser der Landarbeiter galten, also der dörflichen *working class* als Unterkunft dienten, und entsprechend einfach, ja ärmlich waren. Unten ein großer Raum mit offener Feuerstelle, in dem geschlafen, gekocht, gelebt wurde und der neben den menschlichen Bewohnern zeitweise das Vieh beherbergte, was im Winter für zusätzliche Wärme sorgte. Oben eventuell zwei Schlafräume, die recht beengt waren für große Familien. Eine kleine Parzelle Land war auch dabei, damit Gemüse und ein wenig Getreide angebaut und vielleicht Ziegen oder Schweine gefüttert werden konnten.

Die ältesten Cottages, möglicherweise aus der Tudor-Zeit, haben sich nicht erhalten, da die Bausubstanz kaum auf lange Lebens-

dauer ausgelegt war. Noch im 17. Jahrhundert wurden die Ärmsten als *cottagers* bezeichnet, und ihre Unterkünfte waren Brutstätten für Krankheiten und Seuchen. Das aber führte zu Bauvorschriften, aufgrund deren aus den Hütten langsam komfortablere Unterkünfte wurden, die sich allerdings nur noch wohlhabende Farmer leisten konnten. Sie sorgten dafür, dass die Häuser immer wieder renoviert und restauriert wurden. Ende des 19. Jahrhunderts war es die Arts-and-Crafts-Bewegung, in der Künstler wie William Morris einfache Formen und an rustikalen Entwürfen orientiertes Design als Gegenbewegung zu der ornamentalen Üppigkeit viktorianischer Architektur und Inneneinrichtung schufen.

Cottages sind so verschieden wie die Landschaft, in der sie errichtet wurden, denn vor dem Ausbau des Straßennetzes und damit des vereinfachten Transports der Baumaterialien nutzte man das, was die Umgebung zur Verfügung stellte: vor allem Holz im bewaldeten Süden und verstärkt Fachwerkkonstruktionen, Kalk- oder Sandstein in den Midlands und im Norden. In Suffolk gibt es Dörfer, die nur aus Fachwerk errichtet zu sein scheinen, wie Lavenham, der Ort der reichen Wollhändler, und in den Cotswolds leuchten die Dörfer honigfarben dank der dort verbauten regionalen Steinsorte – beide Bauweisen scheinen den Häusern fast eine Seele zu

Altes reetgedecktes Cottage in den Cotswolds

verleihen. Cottages waren für Jahrhunderte ein Ausweis regionaler Architektur, und wer ohne auf Straßen- und Ortsschilder zu achten durchs Land gefahren wäre, hätte immer an der Bauart der *village houses* erkennen können, wo er sich gerade befand. Erst die Verbesserung der Infrastruktur ermöglichte es den Bauherren, überall in England solche Landhäuser zu errichten, wie sie nicht selten nostalgische Vorlieben bestimmten und weniger die Rücksichtnahme auf die Traditionen der jeweiligen Landschaft. Deshalb sind jene »echten« Cottages besonders teuer, die der ländlichen Region verpflichtet sind und nicht dem städtischen Geschmack.

Da ferner die Entwicklung von der schlichten »Landarbeiterhütte« zu einer vornehmeren Unterkunft des Bauern, später des Gutsherrn oder des adligen Grundbesitzers verlief, suggerierte ein Cottage zwar Einfachheit, aber zunehmend in der Art, wie schon Marie Antoinette bei ländlichen Schäferspielen das Royale für das Rustikale aufzugeben schien. Das simple Cottage wurde zum *cottage orné*, das zwar aufwendig erbaut war, dessen Aufwand aber geschickt hinter dörflicher Bescheidenheit versteckt wurde. Für den Adel galt Ende des 18., Anfang des 19. Jahrhunderts das »verzierte« Cottage als ein Ort der Erholung, als Rückzugsmöglichkeit von dem anstrengenden Leben bei Hofe. Berühmt ist das Pseudo-Cottage Endsleigh in Devon, von dem 6. Duke of Bedford gebaut, um dem Leben im riesigen Palast Woburn Abbey zu entkommen.

Miss Marple scheint schon sehr lange in ihrem kleinen und gemütlichen Haus zu wohnen, das sie vielleicht von ihren Eltern geerbt hat. In diesem Haus trifft sich häufig der Dienstagabend-Club, um über mysteriöse Kriminalfälle zu diskutieren. Mitglieder sind Freunde und Verwandte von Miss Marple, darunter ein pensionierter hoher Polizeioffizier und ihr schriftstellernder Neffe Raymond. Dieser genießt in *»Miss Marples Fälle«* besonders die harmonische Atmosphäre ringsum, und mit Wohlgefallen registriert er das alte Zimmer mit den breiten schwarzen Deckenbalken und den guten alten Möbeln: »Das Haus seiner Tante Jane hatte ihm von jeher gefallen, da es in seinen Augen den richtigen Rahmen für ihre Persönlichkeit bildete. Sein Blick wanderte hinüber auf die andere Seite des Kamins zu dem behäbigen Großvaterstuhl, in dem sie kerzengerade saß.«

Wenn in einem englischen Roman (nicht nur im Krimi) Gemütlichkeit assoziiert werden soll, dann sitzt man abends in einem Cottage am Kamin. Dort platziert auch P. D. James ihren Inspector Dalgliesh, der eigentlich nur Ferien bei seiner Tante am Meer verbringen will, aber – natürlich – sehr bald ein Verbrechen aufklären muss. Bevor dies jedoch geschieht, kann er in »*Ein unverhofftes Geständnis*« die Behaglichkeit des Hauses noch genießen, vor dem Feuer sitzend und von dem ewigen Branden der See langsam schläfrig werdend: »Der Raum, der fast das ganze Erdgeschoss einnahm, hatte Steinmauern, auf denen ein niedriges, von enormen Eichenbalken gestütztes Dach ruhte, und einen Fußboden aus quadratischen roten Ziegelsteinen. Vor dem offenen Kamin, in dem ein Holzfeuer knackte und fauchte, lag ein ordentlich aufgeschichteter Stapel Treibholz zum Trocknen. [...] Im Haus war es hell und warm, da war die ganze Behaglichkeit häuslicher Zivilisation; draußen, unter den tief hängenden Wolken, war es dunkel, einsam, geheimnisvoll.« Dieses Gefühl der Geborgenheit, ein zeitloses Aufgehobensein in Räumen, die schon viele Generationen mit ihrem Leben, aber auch mit ihrer Ruhe und Gelassenheit erfüllten, ist das, was viele Menschen suchen, wenn sie ein Haus auf dem Lande beziehen.

Allerdings besteht auch hier die Gefahr, dass die brutale Realität einer nicht immer friedlichen Gegenwart in die Beschaulichkeit einbricht. Und so wie dies in dem Thriller »*Des Teufels Werk*« geschieht, erscheint die Gewalt in einem solchen Umfeld noch grausamer, wirken die Untaten noch inhumaner, ja geradezu bestialisch. Die Autorin Minette Walters lässt in ihrem Roman eine durch Erlebnisse in Kriegsgebieten traumatisierte Reporterin ein Cottage mieten, das in einer abgeschiedenen Gegend von Dorset in der Nähe des Meeres liegt. So klassisch-pittoresk das Cottage auch ist, so schön die Landschaft auch zu sein scheint – die Journalistin wird von einem erbarmungslosen Söldner verfolgt, der weiß, dass sie weiß, welche Untaten er schon begangen, wie viele Frauen er schon vergewaltigt und ermordet hat, und der sie wegen ihres Wissens zum Schweigen bringen will. Auch sie geriet während einer Reportage im Irak in seine Gewalt, kam aber wieder frei – was er ihr antat, erfährt der Leser nicht genau. Angst, Entsetzen und Rache sind jene Gefühle, die scheinbar nicht in die ländliche Idylle passen wollen, deren Ausleben aber das Überleben sichert: Nachdem der Bösewicht anscheinend entkommen ist, wird nur noch ein abgetrennter Arm gefunden, den eine DNA-Analyse dem sadistischen Verbrecher zuordnet. Was wirklich geschah, kann man nur ahnen, in der Hoffnung, dass das siegt, was immer für das Gute gehalten wird, es aber nicht immer sein kann. Und zumindest an

Wer möchte sich nicht gerne
an diesem sonnigen Plätzchen niederlassen?

der Oberfläche scheinen wieder Friedlichkeit und Idylle ins Ländliche eingekehrt zu sein.

Minette Walters gehört zu jenen Krimiautorinnen, die soziale Probleme der Gegenwart in ihre Romane einbeziehen und diesen den Charakter von Psychothrillern verleihen. 1949 geboren und durch den Beruf des Vaters (Armeeoffizier) mehrfach in England umgezogen, besuchte sie die *Godolphin School* in Salisbury, die unter anderem auch Dorothy L. Sayers zu ihren Schülerinnen zählte. Walters studierte an der Universität von Durham Französisch und lernte dort ihren Mann kennen. Nach dem Studium ging sie nach Israel und arbeitete dort in einem Kibbuz; soziales Engagement wird ihr wichtig bleiben. Danach wirkt sie in der Redaktion eines Magazins mit, das vor allem romantische Geschichten veröffentlicht, und die schreibt sie auch selbst, um – so ihre Aussage – die Hypotheken zahlen zu können. Nach einiger Zeit ist sie freiberuflich für Frauenmagazine und in vielen Bereichen ehrenamtlich tätig. Als die beiden Söhne aus dem Haus sind, hat sie endlich Zeit, ihren ersten Roman zu schreiben, und »*Im Eishaus*« wird gleich ein großer Erfolg. Nun erscheint jedes Jahr ein neues, immer sehr erfolgreiches Buch, und fast jedes Jahr gewinnt sie auch einen Preis. Mit ihrer Familie lebt sie in Dorset, betreibt etliche meist sportliche Hobbys, doch wenn sie wirklich entspannen will, widmet sie sich im Do-it-yourself-Verfahren der Verschönerung des Hauses, wie sie in ihren biografischen Notizen schreibt. Und natürlich arbeitet sie in ihrem Garten, wie es sich für eine auf dem Lande lebende Engländerin gehört!

Gartenarbeit ist auch eine der fast leidenschaftlich, zumindest aber kenntnisreich von Miss Marple betriebenen Aktivitäten. Zwar erträgt sie ihr Alter und die damit verbundenen Einschränkungen gelassen – sind doch ihre »kleinen grauen Zellen« weiter völlig intakt –, aber sie bedauert, ihren geliebten Garten einem nicht sonderlich engagierten Gärtner überlassen zu müssen. Fast kommt es ihr wie Treulosigkeit vor, denn – so heißt es – der Garten sei eine englische Liebesaffäre. In »*Mord im Spiegel*« sehen wir die zur Untätigkeit gezwungene Miss Marple am Fenster sitzen und traurig

Stimmungsvoll-verwunschene
Hauswand eines Cottage

*Der harmonisch gestaltete Garten
hat eine beruhigende Wirkung auf Inspector Barnaby,
und genießerisch erfreut er sich an dem
Duft einer Rose …*

in ihren Garten blicken, »der einst eine Quelle des Stolzes und der Freude für sie gewesen war«. Der Arzt hatte ihr das Bücken, Graben und Pflanzen verboten, und der Gärtner, der ihre Arbeit übernehmen soll, hört zwar ihre Anweisungen, befolgt diese allerdings kaum, denn seine Auffassung von einem Cottage-Garten ist der seiner Arbeitgeberin diametral entgegengesetzt. Miss Marple liebt Blumen, vor allem Rosen, aber auch Mohn, Glockenblumen und alles, was bunt, lebendig und duftend ist. Der Gärtner hingegen lässt nur Gemüse als wirklich wichtig gelten, »hübschen Wirsing oder ein wenig Grünkohl. Blumen waren ein Luxus, den die Damen liebten, weil sie mit ihrer Zeit nichts Besseres anzufangen wussten.« Damit tut er nicht nur Miss Marple bitter unrecht, denn schließlich muss ja jemand für die florale Schönheit im Leben sorgen. Allerdings ist er der Vertreter eines »echten« Cottage-Gartens, denn dieser lieferte seinen Besitzern auch Gemüse und Obst – besonders wichtig in Zeiten, da es sich bei diesen um Landarbeiter und nicht um Banker handelte. Genau genommen vereint der Cottage-Garten zwei Arten von Pflanzungen – den Blumen- und den Küchengarten. Miss Marples Helfer ist aber zu Kompromissen bereit, und so pflanzt er seine eigenen Lieblingsblumen, nämlich Astern und Malven, »damit es hübsch aussieht«, wie er entgegenkommend meint. Immerhin erhält Miss Marple in »*Das Schicksal in Person*« von einem verstorbenen Freund posthum ein besonderes Geschenk, das sie ihrer Gartenleidenschaft etwas bequemer nachgehen lässt: Der Millionär Rafiel hat für sie eine Besichtigungsreise mit dem Bus durch die berühmtesten Gärten Englands gebucht. Bei einem Blick in ihren eigenen Garten, in dem das Unkraut durch die Ritzen der Steinplatten wuchert und nur rote statt der von ihr gewünschten schwefelgelben Löwenmäulchen gepflanzt wurden, freut sie sich auf bedeutende hortikulturelle Eindrücke.

Obendrein begeht der nachlässige Gärtner mit seiner Bemerkung noch einen weiteren, gewichtigeren, Fehler: Denn Frauen sind nicht deshalb im Garten aktiv, weil sie sich sonst langweilen würden, sondern weil sie neue Ideen haben, die sie auf dem Land verwirklichen wollen. Frauen haben englische Gärten berühmt gemacht, sie mussten nicht wie Eva aus Eden fliehen, sondern fanden den Weg zurück und schufen ein neues Garten-Paradies – notfalls auch ohne Adam. Und wenn man von den »Damen mit dem grünen Daumen« spricht, dann sind jene gemeint, die entweder kleine Gärten mit großer Farbenvielfalt schufen, wie Gertrude Jekyll, oder große Gärten mit wenigen Farben, wie Vita Sackville-West mit ihrem »weißen Garten« in Sissinghurst. Welchen Gartentypus Miss Marple präferiert, wird nicht völlig deutlich, zumal ihr kleines Grundstück hinter dem Cottage wenig Entfaltung zulässt.

Inspector Barnaby ist ebenfalls ein Gartenliebhaber, der sein eigenes Grün sorgsam bearbeitet und fremdes kennerhaft bewundert. Als er das Cottage der alten Lady in »*Das Rätsel von Badger's Drift*« aufsucht, um wegen des Mordes an ihr zu ermitteln, sieht er Haus und Garten liebevoll gepflegt und geradezu wie ein klassisches Postkartenidyll wirkend. Vor allem der Garten beeindruckt ihn, denn dessen Anlage könnte jedem ambitionierten Gärtner als Vorbild dienen: »Ein im Fischgrätmuster gepflasterter, im Alter uneben gewordener Weg wand sich durch Lavendelstauden und Zypressenkraut bis zur Hintertür. Dort wuchsen Stockrosen, Nelken, Rittersporn, Thymian und Reseda.« Der harmonisch gestaltete Garten hat eine beruhigende Wirkung auf Barnaby, und genießerisch erfreut er sich an dem starken Duft einer wunderbaren roten Rose, deren Namen – *Papa Meilland* – er zum Erstaunen seines Assistenten sogar kennt. Weniger beruhigend aber wirkt »*Der Garten des Todes*« auf den Inspector, muss er doch Morde aufklären, die in und möglicherweise wegen der schönen Anlage eines »Erinnerungsgartens« geschehen. Und der Hauptverdächtige ist obendrein der Gärtner!

Cottage-Gärten sind aus der Sicht von Experten eine Mischform: einerseits von artifizieller Ästhetik, ausgehend von dem leicht sentimentalen Ideal der Viktorianer, andererseits von prosaischer Realität für viele Cottage-Bewohner, die sehr pragmatisch ihren Garten bepflanzten, ohne dabei immer das Künstlerische im Blick zu haben. Das »Nützliche« allerdings hat eine sehr lange Tradition, die bis in die Zeit der intensiv bearbeiteten Klostergärten zurückreicht. In diesen wuchs neben den Gemüse- und Obstpflanzen für die Tafel der Brüder bzw. Schwestern eine große Vielfalt an Kräutern, die anders als heute aber weniger der Verfeinerung von Speisen, sondern der Heilung von Krankheiten dienten. Im Laufe der Jahrhunderte brachten Reisende aus den Mittelmeerländern meist duftende Gewächse auf die Insel. Auch heute noch sind Kräuter aus einem Cottage-Garten nicht wegzudenken, da nicht nur die Hausfrau sie für aromatische Mahlzeiten in der Küche braucht, sondern auch die Anpflanzungen ihrer bedürfen – sei es, um Insekten (z. B. wegen der Bestäubung) anzulocken, sei es, um andere Tiere (z. B. Wühlmäuse) abzuschrecken.

Die Entwicklung des Cottage-Gartens von einer lebensnot-
wendigen »Speisekammer« zu einem ästhetisch befriedigenden
»Freiluftsalon« war unter anderem dem Wirken der *cottage gentry* zu
verdanken, wie sie der Experte Christopher Lloyd nannte. Diese
Gartenenthusiasten suchten die Abkehr von strikt durchgeplanten
Anlagen zugunsten eines spontan gestalteten, leichter zu pflegen-
den, wohnlichen und gewissermaßen intimen Garteninterieurs,
das der eigenen Individualität und nicht der eines Gartenarchi-
tekten verpflichtet war. Oder – noch schlimmer – der Bequem-
lichkeit eines widerborstigen Gärtners wie dem, unter dem Miss
Marple zu leiden hatte. Doch auch wenn deren Körperkräfte keine
richtige Gartenarbeit mehr zulassen, so ermöglichen ihre Kennt-
nisse dieser Arbeit die Aufklärung zweier Verbrechen. Sie löst den
Fall der verschwundenen Goldbarren in »*Mord im Spiegel*« aus der
Gewissheit, dass der von ihrem Neffen beim Graben beobachtete
Gärtner kein echter sein kann, denn »kein Gärtner arbeitet am
Pfingstmontag. Das weiß doch jeder.« Und da falsche Gärtner ihre
Spezialität sind, findet sie auch den Mörder einer älteren Lady, die
»Greenshaws Monstrum« (so auch der Titel der Geschichte) be-
wohnt. Denn hier wurden aus einem Steingarten wahllos Blumen
und Unkraut ohne Unterschied herausgerissen – und solche Unta-
ten kann nur ein böser Mensch begehen.

KINGSMARKHAM

Große Verbrechen
in einer kleinen Stadt

Die Landkarte der englischen Detektivliteratur weist viele Orte auf, und einige davon sind so fiktiv wie die Verbrechen, die in ihnen geschehen. Dies gilt für das Dorf St. Mary Mead, aber auch für die ländliche Kleinstadt Kingsmarkham, die irgendwo in Sussex liegen soll. Und dort wurde von Ruth Rendell gewissermaßen der Grundstein gelegt, um Inspector Reginald Wexford ein angemessenes Betätigungsfeld zu schaffen. Kingsmarkham ist zwar klein, hat aber alles, was Verbrecher interessieren und zu ihrem unmoralischen Tun veranlassen könnte — seien es große Firmen oder kleine Läden, Banken oder Bibliotheken und vor allem menschliche Leidenschaften. Und diese gibt es nicht in vornehmen Country Houses, sondern in den mittelständischen, teilweise kleinbürgerlichen Doppelhaushälften, die mühsam mit Hypotheken abgestottert werden. Ähnlich wie das Dorf von Miss Marple typisch ist für viele englische Dörfer, so ist die Kleinstadt von Inspector Wexford in »Leben mit doppeltem Boden« typisch für viele englische Kommunen abseits der Großstädte: »Kingsmarkham ist eine ansehnliche Stadt irgendwo in der Mitte von Sussex, reichlich zugebaut mittlerweile [...], aber in nördlicher Richtung gibt es noch offene, unverdorbene Landschaft.« Natürlich hat Kingsmarkham eine High Street, verschiedene Pubs, mehrere Schulen und vor allem eine einsatzfreudige Polizei, die – und das erstaunt schon nicht mehr – sehr viel mehr Morde aufklären muss, als es statistisch gesehen eigentlich in einem solchen Städtchen geben dürfte. Aber keine Statistik erfasst Gefühle, berechnet Liebe, Hass, Geldgier und Rache und könnte so die mögliche Kriminalitätsquote vorab kalkulieren.

Ruth Rendell wäre vielleicht dazu fähig, denn sie ist weniger daran interessiert, wer der Täter (oder die Täterin) ist, sondern an deren Motiven und deren sozialen Beziehungen – was sie aber nicht hindert, eine häufig unerwartete Auflösung des Falles zu präsentieren. Auch sie ist – wie viele andere ihrer Kolleginnen – erst relativ spät zum Schreiben gekommen, da familiäre Pflichten Vorrang hatten. 1930 nördlich von London geboren, besuchte sie eine Mädchenschule in Essex und arbeitete anschließend als Journalistin. Nach ihrer Heirat (ihren Mann heiratete sie wenige Jahre nach der Scheidung zum zweiten Mal) blieb sie daheim und kümmerte sich um ihren Sohn, erst 1964 veröffentlichte sie ihren ersten Wexford-Roman, der gleich sehr

Ruth Rendell in ihrem Londoner Haus

erfolgreich wurde. Neben Büchern mit diesem Detektiv schreibt sie auch unter dem Pseudonym Barbara Vine Psychothriller. Ihr Interesse an sozialen Problemen lässt sie auch politisch aktiv sein – sie sitzt für die Labour-Partei, nachdem sie von der Königin geadelt wurde, im Oberhaus. Da sie lange Zeit in Suffolk lebte und auch ein Buch darüber schrieb, lautet ihr Adelstitel Baroness Rendell of Babergh, nach einem Gebiet in Suffolk mit so berühmten Orten wie Long Melford (Antiquitäten) und Lavenham (mittelalterliche Architektur). Übrigens: Ihr gegenüber im House of Lords nimmt ihre Freundin und Kollegin P. D. James einen Platz für die Konservativen ein!

In Kingsmarkham herrschen Bigamie, Untreue, Verdächtigungen wegen Inzest, und in »*Die Grausamkeit der Raben*« ereignet sich der Mord einer psychopathischen Tochter an ihrem Vater. Und man findet Travestie, Lüge, Betrug und Mord, denn, wie es in »*Leben mit doppeltem Boden*« heißt, endet in einem Detektivroman immer alles im Mord. Für Ruth Rendell, die aktive Politikerin, ist es wichtig, Verbrechen zu verhindern. Für Ruth Rendell, die aktive Literatin, kann es nicht genug fiktive Verbrechen geben. Aber glücklicherweise ist Kingsmarkham nicht überall!

HERRSCHAFTLICHES

Die Herren im Herrenhaus

Mrs Bantry, die Herrin von Gossington Hall, liegt am frühen Morgen noch sanft schlummernd und süß träumend im Bett, als plötzlich das Zimmermädchen hereinstürmt und, statt den *early morning tea* zu servieren, nur hysterisch kreischt: »Madam, Madam! In der Bibliothek liegt eine Tote!« Nur schwer kann Mrs Bantry aus dem Schlaf finden, ihr schnarchender Gatte noch schwerer, doch endlich gelingt es ihr, ihn zum Aufstehen und Hinuntergehen zu veranlassen. Dort trifft er auf die bestürzte Dienerschaft, und dieses Mal ist es der Butler, der von einer Toten spricht. Colonel Bantry ist empört: »Wollen Sie damit sagen, dass in der Bibliothek eine Leiche liegt – in *meiner* Bibliothek?« Etwas Derartiges ist eine Zumutung, geradezu eine unglaubliche Missachtung aristokratischen Besitzes, aber leider traurige Realität. Nun muss natürlich die Polizei gerufen werden, aber noch eine andere außerordentlich kompetente Person ist bald zur Stelle – Miss Marple, eine gute Freundin der Familie, kommt in »*Die Tote in der Bibliothek*« noch vor dem Frühstück. Mrs Bantry meint nämlich: »Wenn schon im eigenen Hause ein Mord passiert, dann kann man ihn doch auch genießen, oder nicht?« Und das tun die beiden Ladys, wobei sie

Die südliche Fassade des Herrenhauses
Hinton Ampner bei Alresford (Hampshire)

den Wachtmeister in Verlegenheit bringen, der den Tatort bis zum Eintreffen der Kriminalbeamten bewacht. Der Constable lässt sie in die Bibliothek, »aus lebenslanger Gewohnheit, den Wünschen der Aristokratie zu entsprechen«.

Das »große Haus« am Rande eines Dorfes, zu dem die vielen kleinen Häuser den sozialen Kontrast bilden, war im Verlaufe der Jahrhunderte die steingewordene Repräsentanz des Landadels. Diese schlossähnliche Wohnstätte der *gentry*, des niederen Land-

Die Bibliothek von Dunham Massey (Greater Manchester),
im Stile des 18. Jahrhunderts eingerichtet

adels, galt als Zeichen von Reichtum, der nicht selten auf Kosten der *cottager* erworben worden war. Andererseits aber übte der Adel, wenn er seiner Verantwortung gerecht wurde, eine Schutzfunktion aus und kümmerte sich um das materielle Wohlergehen der *cottagers*, damit zumindest niemand Hunger leiden musste und in kriegerischer Zeit Schutz fand hinter dicken Mauern. Die geradezu symbolische Oben-Unten-Relation der englischen Gesellschaft findet im Herrenhaus selbst sinnfälligen Ausdruck. Oben wohnt die adlige Familie, nicht selten mehrere Generationen, und alle sind in dem großen Haus nur deshalb überlebensfähig, weil sie von einer vielköpfigen Domestikenschar bedient werden. Diese lebt unten, selbst wenn sich ihre – meist kärglich eingerichteten – Schlafräume im Dachgeschoss befinden.

Auch bei den Bediensteten selbst gibt es wiederum eine eigene Hierarchie, die das »Oben« und »Unten« nach den Stockwerken definiert, in denen die Angestellten jeweils tätig sind, und nach den Zuständigkeiten. An der Spitze steht der Butler, eine Art Majordomus en miniature, der den geordneten Ablauf des Haushalts überwacht. Zum »Oben« gehören die persönlichen Diener von Lord und Lady, die vom Aufstehen bis zum Schlafengehen zur Hand sind und natürlich Einblick erhalten in intimste Lebensbereiche. Dann die Zimmermädchen, Kindermädchen, Gouvernanten und Hauslehrer. Das »Unten« betrifft den substanziellen Bereich des leiblichen Wohls, also Küche und Keller, wichtig für die Laune der Herrschaften, denn köstliche Mahlzeiten sorgen für eine gehobene Stimmung. Hier residiert der Koch, nicht selten auch eine Köchin, die eine Schar von Küchenpersonal unter sich haben – vom Küchenmädchen bis hin zu der ganz unten in der Hierarchie stehenden *scullery maid*, zuständig für den Abwasch.

Gossington Hall, das Haus der Bantrys, ist relativ klein – sowohl was die Räumlichkeiten wie auch was das Personal angeht, doch hat es alles, was Country Houses attraktiv macht: die große, repräsentative Halle, von der viele Türen in andere Räume führen, aber auch eine etwas abgewohnte Bibliothek, schäbig und unordentlich, aber gemütlich und genau genommen kein Platz für Mordopfer.

Miss Marple erkennt: »Der ganze Raum war dämmrig und behaglich. Man sah ihm an, dass er seit Generationen von einer traditionsbewussten Familie benutzt wurde.« Und wahrscheinlich hätte sie auch P. G. Wodehouse und dessen Aussage über die Annehmlichkeit von Herrenhäusern zugestimmt: »Die Tasse Tee nach der Ankunft in einem Country House ist etwas, das ich üblicherweise besonders genieße. Ich mag die knisternden Holzscheite, das gedämpfte Licht, den Geruch von gebuttertem Toast, die allgemeine Atmosphäre von müßiger Behaglichkeit.«

Auch Agatha Christie schätzte die Tradition eines Herrenhauses. Als es ihr finanziell möglich war, kaufte sie Greenway am Ufer des Dart nahe Torquay. Mit einem bunten Garten, einem großen Park und einem weiten Blick über den Fluss garantierte das Anwesen einen wunderbaren Sommer, wie die Autorin ihn aus ihrer Kindheit in Erinnerung hatte. Nach dem Tod von Christies Tochter übernahm der National Trust das Haus, renovierte es stilgerecht und öffnete es für alle, die auf den Spuren der Schöpferin von Miss Marple wandeln wollen. Zwar haben Agatha Christie und ihre Familie die Räumlichkeiten nur etwa siebzig Jahre genutzt, doch viele Generationen vor ihnen wohnten seit dem 16. Jahrhundert auf der Anhöhe von Greenway. Nicht wenige Menschen haben ein Problem bei der Besichtigung von Häusern, die wieder so hergerichtet wurden, als ob die Bewohner nur kurz vor die Tür gegangen seien. Sie kommen sich wie unerwünschte Eindringlinge vor, die nicht nur die leeren Champagnerflaschen in der Küche registrieren, sondern auch dem Badezimmer einen neugierigen Besuch abstatten. Ein Blick in das Schlafzimmer von Agatha Christie und in ihren Kleiderschrank, den sie früher bestimmt vor fremden Augen verschlossen hielt, berührt ebenfalls seltsam. Dennoch: Ein Besuch des Hauses weckt Assoziationen an eine repräsentative Gemüt-

---

Im untersten Stockwerk des Herrenhauses befand sich das Reich
der Köche und ihres Küchenpersonals — vom Küchenmädchen
bis hin zu der ganz unten in der Hierarchie stehenden »scullery maid«,
zuständig für den Abwasch.

lichkeit, wie sie schon die Bantrys und deren Freundin Miss Marple genossen haben.

So einladend und gemütlich *country houses* auf den Besucher wirken mögen, so darf doch nicht vergessen werden, wie gefährlich der Aufenthalt in ihnen sein kann. Häufig geschehen Verbrechen hinter den Mauern jener Häuser, die ziemlich einsam auf dem Lande liegen und zuweilen von der Umwelt durch heftigen Schneefall oder andere Unbilden der Witterung abgeschnitten sind. Wenn dann ein Mord geschieht, scheint die Aufklärung einfach, muss doch einer von den Eingeschlossenen der Täter sein. Das berühmteste Produkt Agatha Christies, das Theaterstück »Die Mausefalle«, lebt genau von dieser Konstellation – und das seit sechzig Jahren –

*oben: Ein Herrenhaus (»manor house«),
herrlich gelegen, zwischen all den Bäumen
auch ein wenig geheimnisvoll
links: Die nostalgische Bahn Dartmouth Steam
Railway fährt durch das »Agatha Christie
Country«.*

auf einer Londoner Bühne. Wenn Verbrechen in adligen Häusern geschehen, ist häufig ein Detektiv von Adel nicht weit — aber auch Miss Marple kann sich dank ihres zurückhaltend-sicheren Auftretens in allen Gesellschaftskreisen mühelos bewegen. Mal ist es Lord Asherton (vulgo Inspector Lynley), mal Lord Peter Wimsey, die ermitteln, häufig aber auch Albert Campion, angeblich ein Mitglied des Hochadels. Seine Schöpferin Margery Allingham lässt darüber allerdings nichts Genaues verlauten; immerhin war sie ebenfalls in gewisser Weise adlig, gehörte sie doch neben Christie, Sayers und Ngaio Marsh zu den *Queens of Crime*!

Von allen hier vertretenen Autorinnen, die aufs Land reisten, war Margery Allingham, obwohl im Süden Londons geboren, am stärksten mit dem ländlichen England verbunden. Kurz nach ihrer Geburt 1904 zogen ihre Eltern, beide schriftstellerisch tätig, in den Osten der Insel und bewohnten in Meeresnähe zwischen Suffolk und Essex verschiedene Domizile. Margery begann schon früh zu schreiben und veröffentlichte einige Geschichten in Zeitschriften ihrer Verwandten. Eigentlich wollte sie zum Theater, und sie schaffte es sogar, sich das sie belastende Stottern abzugewöhnen; doch dann beließ sie es beim Schreiben von Dramen, bis sie sich, vom Erfolg kleinerer Texte ermutigt, dem Schreiben von Romanen zuwandte. 1927 heiratete sie Philip »Pip« Youngman Carter, einen Grafiker und Designer, mit dem sie bis zu ihrem Tode 1966 eine zwar nicht immer glückliche, wohl aber produktive Ehe verband. Ihr Mann war nicht sonderlich treu, was sie natürlich merkte, war er doch ständig unterwegs mit jüngeren Frauen, während sie am Schreibtisch für das regelmäßige Einkommen sorgte. Doch er half ihr wenigstens bei der täglichen Schreibarbeit, denn sie besprach mit ihm die Entwürfe ihrer Romane, diktierte ihm den am Tag erstellten Text in die Schreibmaschine, und mehrfach entwarf er die Umschläge für ihre Werke. Immerhin war er so vertraut mit ihrem Schreiben, dass er nach ihrem Tod noch einen begonnenen Campion-Roman fertigstellen und zwei weitere verfassen konnte.

Die Eheleute hatten zwar eine kleine Wohnung in London nahe dem British Museum, doch die meiste Zeit verbrachten sie in

Essex, wo sie sich 1935 in Tolleshunt d'Arcy, einem kleinen Dorf nahe Colchester, endgültig niederließen. D'Arcy House, an der South Street gelegen, wirkt architektonisch interessant – die Fassade Queen Anne, die Rückseite Tudor, ein großes Gebäude in einem großen schönen Garten, der für Margery Allingham zu einem besonderen Hobby wurde. Die Autorin fügte sich bald in das Dorfleben ein mit seinen regelmäßigen Partys für die Nachbarn oder für den Cricketclub ihres Mannes. Als der Krieg drohend näher rückte, begann sie, für mögliche Evakuierungen und Einquartierungen zu planen. Während des Krieges kam sie kaum noch zum Schreiben von Romanen, veröffentlichte aber 1941 das Buch »*The Oaken Heart. The Story of an English Village at War*«, in dem sie das Leben in Erwartung einer deutschen Invasion beeindruckend schildert. Nach dem Krieg schreibt sie weiter erfolgreich über die detektivischen Erlebnisse von Albert Campion und ist dennoch immer in finanziellen Nöten und in Auseinandersetzungen mit den Steuerbehörden – ähnlich wie übrigens Agatha Christie. Vielleicht hätten die Geldsorgen auch durch eine Scheidung von ihrem unangemessen spendablen und vergnügungsbereiten Mann gelöst werden können. Und es bleiben auch ihre gesundheitlichen Probleme: starkes Übergewicht, häufige Bronchitis und sporadisch auftretende Depressionen. Am Ende ihres Lebens ist es Brustkrebs, den sie, anders als vieles sonst, nicht besiegen kann, vielleicht auch, weil sie ihn nicht wirklich wahrhaben wollte. Sie stirbt 1966.

Das Leben auf dem Lande, in teilweise spartanisch ausgestatteten Häusern, aber auch in eleganteren *country houses,* die häufig abseits des Dorfes lagen, beeinflusste ihre Sicht auf jenes Milieu, in dem Albert Campion zumeist seine Fälle zu lösen hatte. Und so heißt denn auch ihr erster Roman mit Albert Campion »*The Crime at Black Dudley*«, der in Deutschland unter verschiedenen Titeln, zuletzt als »*Der italienische Dolch*« erschien. In einem einsam gelegenen

---

linke Seite oben: Margery Allingham, 1958
linke Seite unten: Albert Campion, verkörpert von Peter Davison,
und sein Butler Magersfontein Lugg (Brian Glover)

Herrenhaus an der Küste Suffolks namens Black Dudley wird zum gemütlichen Wochenende eingeladen, und dann geschieht nicht nur ein Mord, sondern Menschen verschwinden, dunkle Gänge tun sich auf, und bei seltsamen spiritistischen Gesellschaftsspielen mit einem in der Dunkelheit von Hand zu Hand weitergereichten Dolch fließt Blut. Glücklicherweise ist auch Albert Campion anwesend, um dabei zu helfen, am Ende einen Verbrecher zu stellen sowie einen Mörder aus edlen Motiven dingfest zu machen.

Margery Allingham hat hier wie auch in anderen ihrer Romane die Landschaft East Anglias und die Erinnerungen an ihr Leben dort für die Schaffung einer »kriminellen Atmosphäre« genutzt. Es ist sicher kein Zufall, dass so viele englische Kriminalromane in einsamen ländlichen Gegenden am Meer spielen, nicht selten im Osten der Insel und da vor allem in Suffolk wie bei P. D. James oder Ruth Rendell. Die drohende Wildheit der See, der menschenleere

---

Danger! Es ist sicher kein Zufall, dass so viele englische Kriminalromane in einsamen ländlichen Gegenden am Meer spielen …

Strand, stürmische Nächte, unheimliche Dunkelheit — all das sind die passenden Ingredienzien für ein spannendes Buch.

Doch nicht nur die Landschaft und ihre einsamen Häuser an der Ostküste bieten die beklemmend-geheimnisvolle Szenerie für verbrecherische Aktivitäten — auch im Südwesten Englands gibt es Schaudervolles zu entdecken: »Gestern Nacht träumte ich, ich sei wieder in Manderley. Ich sah mich am eisernen Tor der Einfahrt stehen, und ich konnte zuerst nicht hineingelangen, denn der Weg war mir versperrt. Schloss und Kette hingen am Tor. […] Dann aber besaß ich plötzlich wie alle Träumer übernatürliche Kräfte, und wie ein körperloses Wesen durchschritt ich das Hindernis.« Dies ist in doppelter Hinsicht das Ende eines Albtraums, den die namenlose Erzählerin in Daphne du Mauriers »*Rebecca*« erleben muss, als sie Maxim de Winter, den Witwer der schönen Rebecca, heiratet und in das Herrenhaus am Meer zieht. Hier wird sie von der immer noch der Toten ergebenen Haushälterin fast in den Selbstmord getrieben. Sosehr ihr Mann sie auch liebt, sosehr er sie auch verwöhnt — es gibt ein Geheimnis, das als Schatten über der Ehe liegt und ein ungetrübtes Glück verhindert. Am Ende zeigt sich, dass »*Rebecca*« ein Roman ist mit einem schweren Verbrechen, doch ohne Detektiv, mit einem Mörder, doch (scheinbar) ohne Strafe. Aber dann widerfährt dem großen *country house* ein Schicksal, das einer Strafe für de Winter gleichkommt — es wird von Mrs Danvers, der inzwischen wahnsinnig gewordenen Haushälterin, angezündet. Mag man auch zuweilen dem Feuer eine reinigende Wirkung zuschreiben, so spricht hier jedoch die Autorin Daphne du Maurier ein hartes Urteil, denn Manderley ist ihrem eigenen *country house* in Corn-wall nachempfunden, und dieses An-wesen schätzte sie über alles.

Bei ihren Wanderungen durch die Felder und Wiesen um Fowey entdeckt du Maurier ein abgeschieden gelegenes Anwesen — Menabilly.

Daphne du Maurier, 1907 in London geboren, der Vater ein Theatermann, der Großvater ein Zeitungsmann, kommt schon als Kind in den Ferien nach Cornwall und verliebt sich in Land und Landschaft. Von allen ihren Lieben dürfte diese die dauerhafteste gewesen sein, hielt sie doch bis zum Ende ihres Lebens. Die Familie mietet sich in Fowey ein, einem Hafenort an der Südküste der Halbinsel, und kauft dort auch bald ein Haus, in dem Daphne meistens allein lebt, denn sie will schreiben, und dazu braucht sie die Einsamkeit. Bei ihren Wanderungen durch die Felder, Wälder und Wiesen um Fowey entdeckt sie ein abgeschieden gelegenes und ziemlich heruntergekommenes Anwesen — Menabilly, das sie mieten wird. Wenn sie nicht schreibt, segelt sie und fährt zum Fischen, und irgendwann segelt sie mit einem Offizier, der ihre Bücher gelesen hat und sie kennenlernen will. 1932 heiratet sie Frederick Browning aus Rücksicht auf seine militärische Karriere, nachdem sie seinen ersten Antrag ablehnte, denn sie hält nicht viel von der Ehe. Daphne du Maurier lebt mit ihm in verschiedenen Garnisonen, aber ihr Herz hängt an Cornwall, wohin sie immer wieder zurückkehrt. Nur dort findet sie die Ruhe zum Schreiben, denn inzwischen ist sie eine außerordentlich gefragte Autorin geworden, deren Bücher auch in den USA erfolgreich sind. Ähnlich ihrem Mann, hat sie verschiedene außereheliche Beziehungen, wobei die zu Frauen eigentlich ihren geheimsten, aber kaum ausgelebten Wünschen entsprechen. Sie verliebt sich in die Frau ihres Verlegers in New York und in eine Schauspielerin in London, doch ist diesen Verhältnissen keine wirkliche Erfüllung beschieden.

Ihrem geliebten Cornwall aber bleibt sie treu, und mehrere ihrer Bücher lässt sie in diesem Teil Englands spielen, wodurch

Eindrucksvolles Porträt Daphne du Mauriers

sie mit dafür sorgt, dass immer mehr Touristen diese Landschaft selbst erleben wollen. Eine besondere Attraktion ist für viele das Gasthaus im Bodmin Moor, das in der Räubergeschichte »*Jamaica Inn*« als Verbrecherherberge dargestellt wird. Hier ist das Hauptquartier einer Schmuggler- und Mörderbande, die sinnigerweise von einem Geistlichen angeführt wird. Wenn es heute Besucher dieser einsam gelegenen Kneipe schaudert, dann nur, weil ein kalter Wind über das Moor weht. Daphne du Maurier jedoch sind Wind und Wetter gleichgültig; sie ist bei jeder Witterung mit ihrem Hund unterwegs und genießt die Heimkehr an den Kamin. Sie ist gern allein, doch als ihr Mann 1965 stirbt, fühlt sie zum ersten Mal wirkliche Einsamkeit – trotz einer großen Familie mit Kindern und Enkeln. Auch muss sie schweren Herzens Menabilly verlassen, doch kann sie in der Nähe bleiben und in Kilmarth House, einem denkmalgeschützten Anwesen nahe Fowey, weiterhin aufs Meer blicken. 1989 stirbt Daphne du Maurier; ihre Asche wird an cornischer Küste verstreut. Manderley aber bleibt als Sinnbild für unheimliche, romantische, mit Verbrechen verbundene Herrenhäuser in Erinnerung.

*Die Autorin
Ngaio Marsh*

EXKURS NACH ⁓

LONDON

Metropole des Verbrechens

Nicht alle kriminellen Wege führen nach London, aber fast alle englischen Autorinnen von Detektivliteratur haben in irgendeiner Weise Beziehungen zur britischen Hauptstadt – sei es, dass sie dort kürzer oder länger lebten, sei es, dass sie ihre Romane dort spielen ließen oder dass zumindest ihre Ermittler in die Metropole fahren mussten. Denn selbst Miss Marple verlässt hin und wieder St. Mary Mead, um in London einzukaufen. Doch in der Regel sind es nicht Trivialitäten, die Detektive nach London reisen lassen; schließlich ist die Hauptstadt des Inselreiches – trotz Midsomer oder St. Mary Mead – immer noch jener Ort, an dem englische Kriminelle besonders gerne aktiv sind. Und das nicht nur in düsteren Hinterhöfen, auf einsamen Straßen, in finsteren Kneipen oder an anderen dunklen Orten, die man gemeinhin mit Untaten in Verbindung bringt. Im Gegenteil, zumindest die literarischen Kriminalfälle beziehen ihren Reiz daraus, dass ein nicht unerheblicher Kontrast besteht zwischen der Friedlichkeit des Tatorts und der Blutrünstigkeit des Verbrechens, also ein ähnliches Phänomen wie im Zusammenhang mit »ländlichen Leichen«. So lässt P. D. James in »*Was gut und böse ist*« eine erfolgreiche

Anwältin in ihrer vornehmen Kanzlei ermorden; man findet sie mitsamt blutüberströmter Perücke. Oder in »*Der Beigeschmack des Todes*« werden in einer Kirche ein Minister und ein Obdachloser entdeckt – beide mit durchschnittener Kehle.

Die London-Krimis der *Ladies of Crime* werden im Laufe der Jahre zunehmend brutaler, blutiger und sind damit natürlich näher an der Realität, und es ist schwer, aus der Vielzahl der Autorinnen, die das verbrecherische London fiktiv erstehen lassen, eine Auswahl zu treffen. Deshalb soll hier nur Ngaio Marsh ausgewählt werden, die das klassische Quartett der *Queens of Crime* vervollständigt. Auch in ihren Romanen ist die Lebenswelt der dargestellten Personen eine gehobene, anders, als die niederen Instinkte der sündigen Seelen es vielleicht erwarten lassen. Ngaio Marsh, 1895 in Christchurch, Neuseeland, geboren, war vieles: Malerin, Schauspielerin und vor allem Regisseurin; besonders ihre Inszenierungen von Shakespeare-Stücken wurden in ihrer Heimat geschätzt. In England, in London aber, wo sie einen beträchtlichen Teil des Jahres lebte, war sie vorrangig eine außerordentlich erfolgreiche Autorin von Detektivromanen. Ihr Detektiv Roderick Alleyn, ebenfalls von Adel wie einige Kollegen in der Literatur, musste nicht wenige seiner Fälle in jenen Kreisen aufklären, die seine Schöpferin besonders gut kannte, nämlich im Theater- und Künstlermilieu. So sind es wie in »*Applaus zum bitteren Ende*« einmal Schauspieler, die zu Tode kommen, oder wie in »*Mord im Atelier*« auch Malermodelle. Eine besonders brisante Aufgabe erwartet ihn in »*Mord in der Klinik*«, als ein hochrangiger Politiker, der schon lange bedroht wurde, nach einer Operation unerwartet stirbt und dieses Mal nicht der Gärtner, sondern ein Arzt der Mörder zu sein scheint.

Zunehmend engagierte sich Ngaio Marsh auch in der englischen Theaterarbeit, und ein nicht geringer Teil ihrer Buchhonorare wurde verwandt, um Verluste durch Inszenierungen aus-

zugleichen und die englischen Steuerbehörden zu erfreuen. Sie schätzte gutes Essen und elegante, maskulin geschnittene Kleidung – Zeitgenossen beschreiben sie als androgyne Exzentrikerin. Geradezu vernarrt war sie in ihren Jaguar, mit dem sie rasant zu reisen pflegte, vor allem durch die von ihr sehr geliebte englische Countryside, häufig zusammen mit ihrer Freundin. Für ihre Romane wird sie mit Preisen geehrt und 1966 geadelt; die Queen ernennt sie zur *Dame Commander of the Order of the British Empire* für ihre Verdienste um die Literatur. Ngaio Marsh stirbt 1982, drei Jahre später ihre Freundin, deren Asche im benachbarten Grab beigesetzt wird.

UND NUN...

Zurück aufs Land

Nicht wenige der Detektive, die in London ermitteln müssen, freuen sich über ländliche Erholungsmöglichkeiten – Miss Marple jedoch liebt es zuweilen umgekehrt, denn der Kontrast zu dem dörflichen St. Mary Mead ist gut für ihre Lebensgeister. Deshalb wünscht sie sich von ihrem großzügigen Neffen Raymond, der ihr eine Ferienreise spendieren will, einige Tage in Bertram's Hotel, das sie noch aus ihrer Jugendzeit als besonders luxuriös und besonders englisch in Erinnerung hat. Es liegt im Herzen der Hauptstadt nahe Piccadilly – Brown's Hotel in der Albemarle Street soll Agatha Christie als Vorbild gedient haben. Und so genießt Miss Marple voller Behagen den *afternoon tea*, bei dem das Hotelpersonal englische Lebensart in Vollendung demonstriert. Noch weiß Miss Marple nicht, dass all diese so distinguiert wirkenden Mitarbeiter einem Verbrecherring angehören, und noch muss sie nicht Scotland Yard zu Fahndungserfolgen verhelfen, sondern nur sich selbst zu köstlichem Kuchen.

Sie sitzt gemütlich in der großen Halle, deren tiefrote Dekoration aus Plüsch und Samt an die Zeit Edwards VII. erinnert, und lässt sich den traditionellen Nachmittagstee servieren – fast schon eine Institution des Hotels, glanzvoll und zeremoniell ausgeführt. Auf silbernen, wappengeschmückten Tabletts werden silberne Teekannen gereicht, gefüllt mit erlesenen Sorten dieses aromatischen Getränks. An Essbarem kann man alles verlangen, was das Herz begehrt – und bekommt es auch. Für Miss Marple ist dies zwar eine andere Welt, aber eine, die genauso von Verbrechern und deren Untaten heimgesucht wird wie das nur vordergründig idyllische St. Mary Mead. So attraktiv das Ambiente ist, so köstlich der Tee und das dargebotene Gebäck sind, so sehr freut sich die ältere Lady doch, wieder zurück in ihr Dorf zu fahren und den Tee dort in einem gemütlichen, wenn auch einfacheren *tea room* kredenzt zu bekommen. Wie immer hat sie das kriminalistische Rätsel gelöst, wie immer präsentiert sie dem Beamten von Scotland Yard den Täter oder die Täterin. Nun kann sie sich wieder aufs Land zurückziehen, in ihr vertrautes Dorf, in das ländliche England.

Und dieses Land soll abschließend aus königlicher Feder gewürdigt werden! In der Einleitung zu der hymnischen Anthologie »*Icons of England*« schreibt der englische Thronfolger Prinz Charles sehr gefühlvoll über jenes ländliche England, das es zu bewahren gilt. Denn, so der Prinz, England sei gesegnet mit einigen der schönsten Landschaften der Erde. Die Patchworkdecke von Feldern, Mooren, Wäldern, Dörfern und Marktstädten, die sich über dieses Land ausbreitet, sei das Ergebnis einer besonderen Verbindung der Gaben der Natur und der Mühe und Sorge von Generationen an Farmern und deren Familien, die das Land bewirtschafteten. Die Trockensteinmauern, die Hecken, die strohgedeckten Cottages, die Dorfkirchen, die Pubs, Postämter und Läden seien das Herz dessen, was es bedeutet, englisch zu sein.

Es steht aber zu befürchten, dass Miss Marple genau hier irgendwann erneut zu einem Tatort gerufen wird.

Danksagung

Für Rat und Unterstützung sei gedankt:

Rolf-Ingo Behnke, Salzgitter; Reverend Susan Bowden-Pickstock, Bluntisham-cum-Earith; Günther Pfannenstein (Foto Hamer), Bochum; Jutta Schreiber, Bochum.

Folgende Institutionen halfen:

Bodleian Library, Oxford; British Library, London; The Dorothy L Sayers Centre, Witham; The Dorothy L Sayers Society, Witham; The Margery Allingham Society, London; The National Trust, Swindon.

Ein besonderer Dank gilt Dr. Elisabeth Sandmann für Ideen und Vorschläge, die das vorliegende Buch erst auf den Weg brachten. Eva Römer und Kuni Taguchi sei für die endgültige Gestalt des Buches gedankt. Und last but not least Sabine Durdel-Hoffmann für ein intensives Lektorat.

Literatur

Kriminalromane

Allingham, Margery: »*Der italienische Dolch*«, München 2001
Christie, Agatha: »*16.50 ab Paddington*«, Frankfurt M. 2011
  »*Bertrams Hotel*«, Frankfurt M. 2011
  »*Das Schicksal in Person*«, Frankfurt M. 2011
  »*Die Tote in der Bibliothek*«, Frankfurt M. 2004
  »*Miss Marples Fälle*«, Frankfurt M. 2006
  »*Mord im Pfarrhaus*«, Frankfurt M. 2005
  »*Mord im Spiegel*«, Frankfurt M. 2008
  »*Ruhe unsanft*«, Frankfurt M. 2007
du Maurier, Daphne: »*Jamaica Inn*«, Frankfurt M. 2009
  »*Rebecca*«, München 2005
George, Elizabeth: »*Denn bitter ist der Tod*«, München 1995
Goodhind, Jean G.: »*Mord ist schlecht fürs Geschäft*«, Berlin 2009
Graham, Caroline: »*Die Rätsel von Badgers's Drift*«, München 2009
  »*Nur wer die Wahrheit kennt*«, München 2005
  »*Treu bis in den Tod*«, München 2010
Granger, Ann: »*Fuchs, du hast die Gans gestohlen*«, Köln 2011
James, P. D.: »*Der Beigeschmack des Todes*«, München 2003

»*Ein reizender Job für eine Frau*«, Reinbek 2005
»*Ein Spiel zuviel*«, München 2003
»*Ein unverhofftes Geständnis*«, Reinbek 2005
»*Was gut und böse ist*«, München 2003
Marsh, Ngaio: »*Applaus zum bitteren Ende*«, Bern u.a. 1983
»*Mord im Atelier*«, München 1995
»*Mord in der Klinik*«, München 1996
McDermid, Val: »*Alle Rache will Ewigkeit*«, München 2011
Rendell, Ruth: »*Die Grausamkeit der Raben*«, Reinbek 2001
»*Leben mit doppeltem Boden*«, München 2006
Sayers, Dorothy L.: »*Aufruhr in Oxford*«, Reinbek 2001
»*Der Glocken Schlag*«, Reinbek 2001
»*Mord braucht Reklame*«, Reinbek 2002
Stallwood, Veronica: »*Mord in Oxford*«, Bergisch Gladbach 2008
Walters, Minette: »*Des Teufels Werk*«, München 2007
Wentworth, Patricia: »*Die Hand aus dem Wasser*«, München 2006
»*Miss Silver bleibt länger*«, München 2000

Sekundärliteratur

Allingham, Margery: »*The Oaken Heart. The Story of an English Village at War*«, Chelmsford 2011
Askwith, Richard: »*The Lost Village*«, London 2008
Aslet, Clive: »*The English House*«, London 2008
Bensley, Lin: »*The Village Shop*«, Oxford 2010
Berg-Ehlers, Luise: »*Das Glück des Schreibens*«, Berlin 2009
Berg-Ehlers, Luise u. a.: »*England und die Detektive*«, Berlin 2002
Brabbs, Derry: »*English Country Churches*«, London 1985
Bryson, Bill: »*Icons of England*«, London 2010
Buckton, Henry: »*Yesterday's Country Village*«, Newton Abbot 2008
Christie, Agatha: »*Meine gute alte Zeit: Die Autobiographie einer Lady*«, Frankfurt M. 2012
Clough, Patricia: »*English Cooking. Ein schlechter Ruf wird widerlegt*«, München 2001
Conran, Jasper: »*Country*«, London 2012
Darbley, Jeanne-Marie u. a.: »*Picknick. Vergnügen, Lust, Genuß*«, Cham 1994
Ditchfield, P. H.: »*The Charme of the English Village*«, London 1994
Drayton, Joanne: »*Ngaio Marsh. Her Life in Crime*«, London 2009

du Maurier, Daphne: »*Enchanted Cornwall*«, London 1990

Eburne, Andrew & Taylor, Richard: »*How to Read an English Garden*«, London 2006

Fearnley-Whittingstall, Jane: »*The Garden. An English Love Affair*«, London 2002

Fido, Martin: »*The World of Agatha Christie*«, London 2010

Forster, Margaret: »*Daphne du Maurier. Ein Leben*«, Hamburg 1994.

Girouard, Mark: »*Life in the English Country House*«, New Haven & London 1979

Gore, Anne u. a.: »*Old English Villages*«, London 1986

Hardyment, Christina: »*Writing Britain. Wastelands to Wonderlands*«, London 2012

Hart, Anne: »*Agatha Christie's Miss Marple. Ihr Leben und ihre Abenteuer*«, Frankfurt M. 2009

Hawthorne, Bret: »*Agatha Christie's Devon*«, Wellington 2010

Haydon, Peter: »*The English Pub. A History*«, London 1995

Herbert, Rosemary (Hrsg.): »*The Oxford Companion to Crime and Mystery Writing*«, New York, Oxford 1999

Hone, Ralph E.: »*Dorothy L. Sayers*«, Kent (Ohio) 1981

Hunt, Roger: »*Rural Britain. Then & Now.*« London 2009

Hurdle, Judith: »*The Getaway Guide to Agatha Christie's England*«, Oakland (CA) 1999

Jackson, Michael: »*The English Pub*«, New York 1976

Johnston, R. J.: »*Bell-Ringing: The English Art of Change Ringing*«, London 1986

Jones, Julia: »*The Adventures of Margery Allingham*«, Chelmsford 2009

Keating, H. R. F. (Hrsg.): »*Agatha Christie. First Lady of Crime*«, London 1977

Keitel, Evelyne: »*Kriminalromane von Frauen für Frauen*«, Darmstadt 1998

Lloyd, Christopher & Bird, Richard: »*The Cottage Garden*«, London 1999

Macaskill, Hilary: »*Agatha Christie at Home*«, London 2009

Mann, Jessica: »*Deadlier than the Male. An Investigation into Femine Crime Writing*«, Newton Abbot, London 1981

Merriman, Andy: »*Margaret Rutherford. Dreadnought with Good Manners*«, London 2009

Page, Robin: »*The Decline of an English Village*«, Barton 2004

Reynolds, Barbara: »*Dorothy L. Sayers. Her Life and Soul*«, London 1998

Shaw, Marion & Vanacker, Sabine: »*Reflecting on Miss Marple*«,
  London 1991
Sova, Dawn B.: »*Das große Agatha Christie Buch*«, Frankfurt M. 2006
Strong, Roy: »*Country Life 1897–1997. The English Arcadia*«,
  London 1996
Suerbaum, Ulrich: »*Krimi. Eine Analyse der Gattung*«, Stuttgart 1984
Thompson, Laura: »*Agatha Christie. Das faszinierende Leben der großen
  Kriminalschriftstellerin*«, Frankfurt M. 2012
Wainwright, Martin: »*The English Village*«, London 2011

Bildnachweis

akg-images, Berlin: Umschlagfoto (Landschaft), 22,
  144 Mitte links
BBC, London: 23, 79 unten,
  144 unten links
Luise Berg-Ehlers, Bochum:
  8/9, 13, 16/17, 18, 21, 24, 28,
  30, 32, 35, 37, 38, 41, 42 unten,
  44/45, 46, 49, 52, 57, 58, 61
  oben, 63, 64, 68/69, 70, 73,
  74 unten, 76, 79 Mitte, 81,
  82 rechts, 85, 88/89, 90, 93
  links, 94 unten, 97, 99, 100,
  106, 108/109, 116, 120, 121, 125,
  128, 130/131, 132, 135, Umschlagrückseite (Grabstein)
Corbis, Berlin: Umschlagfoto
  (Grabstein)
Fotolia, Berlin: 122 unten
Interfoto, München: Um-
  schlagfoto (Daphne du
  Maurier), 1 Mitte links bis
  rechts, 1 unten rechts,
  50 unten, 55, 74 oben, 86,
  94 oben, 105, 110, 112 oben,

115, 118 unten, 122 oben,
  126, 144 oben, 144 Mitte
  rechts, 144 unten rechts,
  Umschlagrückseite
  (Elizabeth George,
  Minette Walters)
National Portrait Gallery,
  London: 1 oben rechts,
  118 oben
picture-alliance, Frankfurt am
  Main: Umschlagfoto
  (Margaret Rutherford)
Eva-Maria Salm, Bornheim:
  15, 39, 43, 61 unten, 67, 79
  oben, 82 links, 87, 93 rechts,
  103, 112 unten, 129, 143, Um-
  schlagrückseite (Dolch)
Scala, Florenz: 27 unten
Süddeutsche Zeitung Photo,
  München: 42 oben
ullstein bild, Berlin: 1 oben
  links, 50 oben

Weitere Nachweise über das
Bildarchiv des Insel Verlags.

Personenregister